U0117563

和怡書屋叢刊　八

同文合體字字典

王　會　均　纂

文史哲出版社印行

國家圖書館出版品預行編目資料

同文合體字字典 / 王會均纂 -- 初版 -- 臺北
市：文史哲，民 103.09
頁；　公分. --（和怡書屋叢刊；8）
ISBN 978-986-314-211-9（平裝）

1.中國文字 2.字體

802.29044　　　　　　　　　103017591

和　怡　書　屋　叢　刊　　8

同文合體字字典

纂　　者：王　　　會　　　均
出 版 者：文　史　哲　出　版　社
　　　　　http://www.lapen.com.tw
　　　　　e-mail：lapen@ms74.hinet.net
登記證字號：行政院新聞局版臺業字五三三七號
發 行 人：彭　　　正　　　雄
發 行 所：文　史　哲　出　版　社
印 刷 者：文　史　哲　出　版　社
　　　　　臺北市羅斯福路一段七十二巷四號
　　　　　郵政劃撥帳號：一六一八〇一七五
　　　　　電話886-2-23511028 • 傳真886-2-23965656

售價新臺幣五八〇元

中華民國一〇三年（2014）九月初版

同文合體字字典

目　　次

II 同文合體字字典

編 纂 大 意

　　一、本字典特重"同文合體字"，於知識性而生活化，屬參考工具書，適合各級學校教師、大學生，暨社會人士查用。

　　二、本字典內容範疇，以日常通用《康熙字典》、《中文大辭典》為主，《辭海》、《辭源》，暨其他字典、辭典為輔。

　　三、本字典之纂釋原則，係採《康熙字典》部首次第，筆畫之序，俾構成完整性脈絡體系。

　　四、本字典所著：音、義，多注明出處，間有正譌辨證，俾免以僞亂真，而滋衍異議耶。

　　五、本字典之音韻，係採各韻書之切韻方法，除正音外，亦列叶音，並加俗語、方言，國語注音，漢語拼音，則一字而數音，力求完善（美）矣。

　　案：叶音，係以今音讀古韻，多不諧協，改變今音以求韻之諧協，謂之叶韻。又"叶"，亦通協。

　　六、本字典之切韻，係依"四聲法"，其"四聲等韻圖"示之，如次：

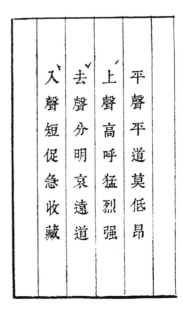

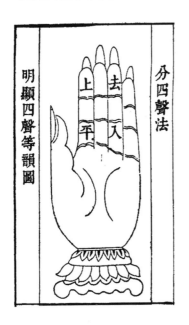

　　七、本字典的訓義，係依：經、史、子、集之次第，然後參補雜書或今文，俾符合日常生活需求。

　　八、本字典所著：筆畫檢字，若筆畫相同者，依部首次第排列之，並著頁碼，檢索查閱方便。

　　九、本字典書成，由於時間迫促，兼以才疏學淺，且非所學專長，於是疏漏舛誤，在所難免，敬祈方家教正，鑒諒！

　　　　中華民國一〇二年（2013）癸巳歲之國慶日
　　　　臺北市：和怡書屋

部 首 檢 字

　　本〈部首檢字〉，係依《康熙字典》部首次第，筆畫之序，分著頁碼，檢索方便。

8 同文合體字字典

單字釋義

一部：yī，音：一

　　兲：一部六畫，《玉篇》古文天字。

　　　音：tiān《唐韻》、《正韻》他前切，《集韻》、《韻會》他年切，夶音：腆平聲，ㄊㄧㄢ。

　　　義：《玉篇》：古文"天"字。

　　　　《說文》：顚也，至高在上，從一大也。《白虎通》：鎮也，居高理下，爲物鎮也。

　　　　《易・說卦》：乾爲天。《禮・禮運》：天秉陽垂日星。荀子曰：天無實形，地之上至虛者，皆天也。邵子曰：自然之外別無天。《程子遺書》：天之蒼蒼，豈是天之形，視下亦復如是。張子《正蒙》：天左旋，處其中者順之，少遲則反右矣。

《朱子語類》：《離騷》有九天之說，諸家妄解云有九天。據某觀之，只是九重，蓋天運行有許多重數，裏面重數較軟，在外則漸硬，想到第九重，成硬殼相似，那裏轉得愈緊矣。

按：天形如卵白，細察卵句，其中之絪縕融密處確有七重，第八重白膜稍硬，最後九重便成硬殼，可見《朱子》體象造化之妙。今西洋曆說，天一層緩似一層，此七政遲旋，所以有遲速也。

又，星名。《爾雅‧釋天》：天根，氐也。《周語》：天根見而水涸。

又，古帝號，爲天氏。見《疏仡紀》

又，神名。《山海經》：形天與帝爭神，帝斷其首，乃以乳爲目，臍爲口，操干戚以舞。形，一作"刑"。陶潛詩：刑天舞干戚，猛志故常在。或作：獸名，非。

又，地名。《蜀地志》：蜀卭僰山後，四野無晴日，曰漏天。杜甫詩：地近漏天終歲雨。

又，山名。《九州要記》：凉州古武城有天山，黃帝受金液神丹于此。一曰在伊州。《註》天山，即祁連山。

又"天"，樂名。《史記·趙世家》：鈞天廣樂。

又，署名。《唐六典》：內閣惟祕書閣宏壯，曰木天。今翰林院，稱木天署。

又"景天"，草名。陶弘景曰：以盆盛，置屋上，辟火灾。

又，髡刑。《易·睽象》：其人天且劓。

又，姓氏。《姓苑》：漢長社令：天高。《姓考》：黃帝臣天老之後。湯臣有天根。

按：先韻古與真文通，故天字皆从鐵因反。考之經史皆然，惟《易》：六位時成，時乘六龍以御天，與庚青通耳。
《正字通》謂"至尊莫如天，天以下
又莫如君父。字音，必不可僭易改叶
。"所論頗正大。

丽：一部六畫，《說文》古文麗字。

音：lì《唐韻》、《集韻》、《韻會》郎
計切，《正韻》力霽切，太音：隸，
ㄌㄧˋ

又 lí《廣韻》呂支切，《集韻》、《
韻會》鄰知切，《正韻》鄰溪切，太
音：離，ㄌㄧˊ

又，lí《集韻》憐題切，音：黎，
ㄌㄧˊ，義同。

又 lǐ《集韻》里弟切，音禮，ㄌㄧˇ。

又 lì，力智切，音詈，ㄌㄧˋ，美也。

又，sī《類篇》山宜切，音：釃，ㄙ
，桸也。

又，lì《集韻》郎狄切，音歷，ㄌㄧˋ
，縣名。

義：《說文》：古文"麗"字。

《說文》：旅行也。鹿之性，見食急，則必旅行。又《司馬相如‧大人賦》：駕應龍象輿之蠖略委麗兮。師古《註》：行步進止貌。

又《玉篇》：偶也。《易‧兌卦》：麗澤兌。《註》：麗，猶連也。《周禮‧夏官‧校人》：麗馬一圉。《註》：兩馬也。又"束帛麗皮"，《註》：兩皮也。《史世紀》：太昊始制嫁娶。《釋義》：麗，偶數也。

又《玉篇》：好也。《廣韻》：美也。《楚辭‧招魂》：被文服纖，麗而不奇。《前漢書‧東方朔傳》：以道德為麗。

又《玉篇》：數也。《詩‧大雅》：商之孫子，其麗不億。注：麗，數目也。不億，不止於一億。古時，以十萬為一億。

又《廣韻》：著也。《左傳‧宣十二年》：射糜麗龜。《註》麗，著也。

又《正韻》：附也。《易·離卦》：
離，麗也。日月麗乎天，百穀草木麗
乎土。又《禮·王制》：郵罰麗于事
。《註》：麗，附也。過人罰人當各
附於其事，不可假他以以喜怒。

又，繫也。《禮·祭義》：祭之日，
君牽牲，既入廟門，麗于碑。《註》
：麗，猶繫也。

又《玉篇》：華綺也。《正韻》：華
也。《書·畢命》：敝化奢麗，萬世
同流。《韓詩外傳》：原憲謂子貢曰
：仁義之匿，衣裘之麗，憲不忍為也。

又《玉篇》：施也。《書·多方》：
不克開于民之麗。《傳》：不能開於
民所施政教。麗，施也，言昏昧。

又《正韻》：光明也。

又，地名。《左傳·成十三年》：晉
師濟涇，及侯麗而還。《註》：侯麗
，秦地。又《前漢書·地理志》：樂
浪郡華麗縣。

又，與"櫺"同，屋棟也。《列子·
力命篇》：居則連麗。

又"麗譙"，高樓也。《莊子·徐無
鬼》：君必無盛鶴，列於麗譙之間。
《前漢書·陳勝傳註》：樓，亦名：
譙，故謂美麗之樓為麗譙。

又"梁麗"，車名。《莊子·秋水篇
》：梁麗可以衝城，不可以窒穴，言
殊器也。

又"魚麗"，陣名。《左傳·桓五年
》：高渠彌以中軍奉公為魚麗之陣。

又《正韻》：小舟也。

又，姓氏。《姓苑》：有麗氏。

又，複姓。《左傳·成十七年》：晉
厲公游于匠麗氏。《姓氏考略》：晉
大夫有匠麗氏（參《左傳》載），以
官為氏。

又li《廣韻》、《集韻》、《韻會》
、《正韻》，夶音：離，ㄌㄧˊ。《釋
名》：麗，離也。言一目視天，一目

視地，目明分離，所視不同也。

又〝高麗〞，國名。《魏志》：高句麗，在遼東之東。《前漢書》作〝高句驪〞。

又，山名。《史記‧黥布傳》：布故麗山之徒也。或作〝驪〞。

又，與〝鸝〞同。張衡《東京賦》：麗黃嚶嚶。《註》：〝鸝〞、〝麗〞，古字通。

又［］《集韻》音：禮，ㄌㄧˇ。蕭該說：彭蠡，澤名。古作〝彭麗〞。

按：麗，从丽，俗从兩日，非。《六書正譌》：丽古麗字，相附之形，借為伉麗，俗別作儷。

丽：一部八畫，《說文》古之麗字。

案：音、義，參見〝丽〞字，詮釋。

丽：一部八畫，麗之簡體字。

音：ㄌㄧ，音：利，ㄌㄧˋ。

義：《新華字典》有名詞、形容詞二義：
名詞之義，如次：

國名：高丽，亦稱：朝鮮。

地名：丽水縣，在今浙江省。

形容詞：好看、漂亮，諸如：美丽、

秀丽，壯丽，富丽，風和日丽，⋯⋯

　　　注：丽，亦作：麗。

又《說文》：丽，古文麗字。

案：音、義，參見〞丽〞字，詮釋。

玆：一部八畫，《中文大辭典》入一部。

音：bing，併，去聲，ㄅ一ㄥ。

義：玆、與〞竝〞同，今作：並。

《正字通》：竝，又同〞玆。

案：參見立部十畫〞竝〞字，詮釋。

朤：一部二十畫

音：qie《字彙補》：朤，且去聲，ㄑ一ㄝ

義：未詳

丨部：gǔn，音：ㄍㄨㄣˇ

艸：丨部五畫，又同〞卅〞字。

音：guàn《廣韻》、《集韻》、《韻會》

、《正韻》玆古患切，音慣，ㄍㄨㄢ

又kuàng《廣韻》呼礦切，《韻會》合

猛切，《正韻》胡猛切，太同〝礦〞

（丱）、丂ㄨㄥ

義：名詞：小孫，如童丱。總角，孩童束

髮兩角之貌。

《字彙》：丱，束髮如兩角貌。

又《廣韻》：丱，鬢角也。

《詩·齊風》：總角丱兮。或作丱。

　　注：總角，總是束髮，古代未成的

　　　　人，頭髮束成兩個髻，左右各

　　　　一，形似牛角，稱為總角。

　　　　丱，音：慣，兩髻對稱豎起的

　　　　樣子。

形容詞：把頭髮束成兩角，如丱角。

丱，幼稚也。《毛傳》：總角，聚兩

髦也。《朱傳》：丱，兩角貌。《廣

韻》：幼稚也。

又《說文》古文礦字，丱亦作：丱。

《集韻》：丱，金玉未成器也。

《周禮·地官·序官》：丱人，

又《周禮·地官·丱人註》：丱之言

礦也、金玉未成器曰礦。

郭璞《江賦》：其下則金礦丹礫。

按：屮同扑，《正韻》上聲《梗韻》："
礦"亦作"扑"，去聲《諫韻》："
扑"本作"屮"。《字彙》屮為總角
之屮，扑為銅錫礦之扑。"屮"、"
扑"分而為二，非。

串：｜部七畫，與"慣"通。

音：guàn《廣韻》、《集韻》、《正韻》
太太古患切，與"慣"通。《ㄨㄢ

又chuàn《正韻》樞絹切，音：釧，
ㄔㄨㄢ

又wàn《正韻》五換切，音玩，ㄨㄢ
、義同。

義：《廣韻》、《集韻》、《正韻》：與
"慣"通，狎習也。

《詩・大雅》：串夷載路。注：串夷
，即混夷，亦即犬戎。載，猶則也。
路，通露，敗也。

《毛傳》：串，習、夷，常也。《箋

》：串夷，郎混夷，西戎國名。《荀子·大略篇》：國法禁拾遺，惡民之串以無分得也。

梁簡文帝詩：長釵串翠眉。謝惠連《秋懷詩》：聊用布親串。《註》：言賦詩布與親，狎之人也。

又《正韻》音：釧。物相連貫也，與〝穿〞讀去聲通，〝穿〞亦作〝串〞。《前漢書·司馬遷傳》：貫穿經傳，郎〝貫串〞，言博通經傳大義也。

又與〝豢〞通，別作〝賗〞。《文字指歸》：支取貨物之契曰賗。今官司倉庫收帖曰串子。

串：丨部八畫，《玉篇》：古文中字。

音：zhōng《唐韻》陟弓切，《集韻》、《韻會》、《正韻》陟隆切，竝音：忠，ㄓㄨㄥ

又zhòng《廣韻》、《集韻》、《韻會》竝陟仲切，音：妕，ㄓㄨㄥˋ

義：《書·大禹謨》：允執厥中。《周禮

‧地官‧大司徒》：以五禮防民偽，而教之中。《左傳‧成十三年》：劉子曰：民受天地之中以生。

又《左傳‧文元年》：舉正於中，民則不惑。《註》：舉中氣也。

又〞司中〞，星名，在太微垣。《周禮‧春官‧大宗伯》：以槱燎祀司中、司命、飌師、雨師。

又《前漢書‧律歷志》：春為陽中，萬物以生。秋為陰中，萬物以成。

又〞中央〞，四方之中也。《書‧召誥》：王來紹上帝，自服于土中。《註》：洛為天地之中。張衡《東京賦》：宅中圖大。

又，正也。《禮‧儒行》：儒有衣冠中。《周禮‧秋官‧司刺》：以此三法者，求民情，斷民中，施上服下服之罪。《註》：斷民罪，使輕重得中也。

又，心也。《史記‧韓安國傳》：深

中寬厚。

又，內也。《易·坤卦》：黃裳元吉，文在中也。又《老子·道德經》：多言數窮，不如守中。

又，半也。《列子·力命篇》：得亦中，亡亦中。《魏志·管輅傳》：鼓一中。《註》：猶言鼓一半也。

又，成也。《禮·禮器》：因各山升中于天。《註》：中，猶成也，燔柴祭天，告以諸侯之成功也。

又，滿也。《前漢書·百官表》：制中二千石。《註》：謂滿二千石也。《索隱》：漢制九卿已上，秩一歲，滿二千石。

又，穿也。《周禮·冬官·考工記》：中其莖。《註》：謂穿之也。

又，盛算器。《禮·投壺》：主人奉矢，司射奉中。《註》：士鹿中，大夫兕中，刻木如兕鹿而伏，背上立圜圈，以盛算也。

又《禮·深衣註》：衣有表者，謂之中衣。與"裏"通。

又，俚語以不可為不中。蕭參《希通錄》：引《左傳·成公二年》無能為役。杜預《註》：不中為之役使。

又《禮·鄉飲酒義》：冬之為言中也。中者，藏也。

又，姓。漢少府鄉中京。複姓：中行、中英、中梁、中壘、中野，------

中氏，《姓纂》呂氏春秋云：中倚、魏公子牟之後。魏得中山，以邑與之，子孫因以為氏。

中氏，一云：《逸周書》：有中旄父，中氏當出此。

複姓：中行，《左傳》：晉侯作三行以禦敵。荀林父將中行。後以為氏，本姓：荀。

漢文帝時，有宦者"中行"說。

中英，《廣韻》虞有五英之樂，掌中英者，因以為氏。《姓纂》少昊氏，有六英之樂，掌中英者，以官為氏。

中梁，《英賢傳》古隱者中梁子後。鄧名世云：中、仲通，必仲梁氏之後。

中壘，《風俗通》劉向為漢中壘校尉，子孫以官為氏。

中野，《潛夫論》宋微子之後。《路史》党項別都，有中野氏。

又《廣韻》、《集韻》、《韻會》太音：妌□矢至的曰中。《史記·周本紀》：養由基去柳葉百步，射之百發百中。

又，著其中曰中。《莊子·達生篇》：中身當心則為病。猶醫書 " 中風 "、" 中暑 " 是也。

又，要也。《周禮·春官》：凡官府鄉州及都鄙之治中，受而藏之。《註》：謂治職簿書之要也。

又，應也。《禮·月令》：律中大蔟。《註》：中，猶應也。

又，合也。《左傳·定元年》：季孫

曰：〝子家、子亟言於我，未嘗不中吾志也。〞

又《類篇》、《正韻》太太直衆切，與〝仲〞通。《禮·月令》：中呂，即〝仲呂〞。

於《東方國語辭典》中之特殊釋義：

軍階：中士、中尉、中校、中將。

中央政府，是一國政治的最高機關。

中央研究院，我國最高學術研究機構

又dé讀作得，《周禮·地官》：師氏掌國中失之事。《註》：故書中爲得。陸德明云：中，杜音得，ㄅㄜˊ

又zhāng《韻補》叶陟良切，音：章，ㄓㄤ。師古曰：古讀〝中〞爲章。《吳志·胡綜傳》〈黃龍大牙賦〉：四靈既布，黃龍處中。周制日月，是曰太常。

又zhēng叶諸仍切，音：征，ㄓㄥ。劉貢父《詩話》：關中讀中爲烝。《詩·大雅》：泉之竭兮，不云自中，

叶上＂頻＂，班固《高祖泗水亭碑》
：天期乘祚，受爵漢中。

叶下＂秦＂，古東韻與庚陽通。

俗讀：中酒之＂中＂為去聲，中興之
＂中＂為平聲。

按：《魏志‧徐邈傳》：邈為尚書郎，時
禁酒，邈私飲沈醉，趙達問以曹事，
曰＂中聖人＂。時謂酒清為聖人，濁
者為賢人。蘇軾詩：「公特未知其趣
耳，臣今時復一中之。＂則中酒之＂
中＂亦可讀平聲。

《通鑑》：周宣王成中興之名，《註
》：當也。杜詩：「今朝漢社稷，新
數中興年。「則中興之＂中＂亦可讀
去聲。

介：｜部九畫

音：qí《廣韻》、《字彙》巨支切，音：
岐、支平聲、ㄑㄧˊ

義：《廣韻》、《字彙》：介，參差也。
《西廂記》〈張君瑞害相思〉（雜劇

丿：介拍了迎風戶半開。

丰：丨部十畫，古文丰字。

音：fēng《集韻》符風切，音：馮，ㄈㄥ

義：《集韻》：丰茸。艸盛貌。《說文》：从生，上下達也。徐曰：艸之生，上盛者，莫下必深根也。毛氏曰：凡邦、夆、峰、豐等字从此。

又，容色美好貌。《詩・鄭風》：子之丰兮。注：子，你。丰，容貌豐滿。毛曰：丰，豐滿也。

按：《六書正譌》：俗作：丰，上筆从丿者，非。

龜：丨部十二畫，《說文》：古文龜字。

音：guī《唐韻》居追切，《集韻》居逵切，《韻會》居為切，茲音：龜ㄍㄨㄟ，亦讀：規，ㄍㄨㄟ

又jiū《廣韻》居求切，音鳩。ㄐㄧ又qiū《集韻》、《韻會》袪尤切，《正韻》驅尤切，茲音：丘，ㄑㄧ又jūn《集韻》、《韻會》茲茲倫切，音

：麋、ㄐㄩㄣ

義：甲蟲之長，《說文》：龜，外骨內肉
　　者也。《玉篇》：文也、進也。外骨
　　內肉，天性無雄，以蛇為雄也。《爾
　　雅‧釋魚》：十龜，一神龜、二靈龜
　　、三攝龜、四寶龜、五文龜、六筮龜
　　、七山龜、八澤龜、九水龜、十火龜
　　又《爾雅‧釋魚》：龜三足，賁。《
　　疏》：龜之三足者，名賁也。

　　又《廣雅》：龜、貝，貨也。《前漢
　　書‧食貨志》：天用莫如龍，地用莫
　　如馬，人用莫如龜。

　　又，星名。《石氏星經》：天龜六星
　　，在尾南漢中。

　　又，地名。《春秋‧桓十二年》：公
　　會宋公于龜。杜《註》：宋地。

　　又，山名。《詩‧魯頌》奄有龜蒙。

注：龜，山名，在今山東新泰縣西南
　　　四十里。蒙，山名，在今山東蒙
　　　陰縣南。是二山，皆屬蒙山系。

《毛傳》：龜，山也。《左傳》：龜
陰之田在山北，山今在山東兗州府泗
水縣。

又背梁，《左傳·宣十二年》：射麇
麗龜。杜《註》：麗，著也。龜背之
隆，高當心者。

又，官名。《周禮·春官·龜人》：
掌六龜之屬。

又，龜目，酒尊也。《禮·明堂位》
：周以黃目。蓋以龜目飾尊，今龜目
黃。

又《廣韻》音：鳩。龜茲，西域國名
。《前漢書·西域傳》：龜茲，音：
鳩茲。

又《集韻》、《韻會》、《正韻》𠀆
音：丘。龜茲，漢縣名，《前漢書·
地理志》：上郡龜茲屬國都尉治，《
註》：應劭曰：音丘茲。師古曰：龜
茲國人來降，處之於此，故名。

按：龜茲之龜，有鳩、丘二音。

又《集韻》、《韻會》音：廩。《莊子‧逍遙遊》：宋人有善為不龜手之藥者，世世以洴澼絖為事。《註》：不龜，謂凍不皸瘃也。《釋文》：舉倫反。

又，張衡《西京賦》：摷紫貝，搏耆龜，撠水豹，馽潛牛。

按：此則龜亦叶尤韻，不獨龜茲有丘、鳩二音也。

又，叶於居切。《易‧損卦》：或益之十朋之龜，弗克違。王褒《僮約》：結網捕魚，繳雁彈鳧。登山射鹿，入水擉龜。

、部：zhǔ，音：ㄓㄨˇ

ㄧ：、部三畫，梵語伊字，《數學》符號。

　音：ㄧ《字彙》於宜切，音：伊，支平聲，一

　義：梵文〞伊〞字。

　《字彙》：伊字，如艸（草）書〞下〞字。見《涅槃經》

《苑咸·酬王維詩》：三點成伊猶有想，一觀知幻自忘筌。

《數學》符號，證明題用，∵ 即所以之意。

∵：丶部三畫，《數學》符號。

音：未詳

義：《數學》符號，證明題用，∵ 即因為之意。

丽：丶部八畫，古文麗字。

音：ㄌㄧˋ音：麗，ㄌㄧˋ

義：《說文》：麗古文丽。《集韻》：麗，古作：丽。

《章太炎·文始》：旅行也，從鹿、丽。

按：丽（指事）、古文丽、篆文作柿。丽、柿，皆獨體指事。按旅行為動作，無實體可象，故丽為指事。

案：參 " 丽 "（麗）字，詮釋。

丽：丶部八畫，麗之簡體，亦稱：俗體。

音：ㄌㄧˋ音：利，ㄌㄧˋ

義：丽，ㄌㄧˋ，＂麗＂的簡體，亦稱：俗
　　體。《標準學生字典》：八、部。

案：參＂丽＂（麗）字，詮釋。

丿部：pié，音：ㄆㄧㄝˇ

氏：丿部六畫，與＂氐＂同。

音：shì《唐韻》承旨切，音：是，ㄕˋ

義：氏族也，《白虎通》：有氏者何，貴
　　功德，下伎力，所以勉人為善也。
　　《左傳‧隱八年》：天子建德，因生
　　以賜姓，胙之土，而命之氏，諸侯以
　　字為諡。因以為族，官有世功，則有
　　官族，邑亦如之。
　　《疏》：《釋例》曰：別而稱之，謂
　　之氏。合而言之，則為族。
　　又氏，亦作＂氐＂。《古今印史》：
　　氐，承旨切，族下所分也。古者姓統
　　族，族統氐，適出繼位之餘。凡側出
　　者，皆曰氐，故為文，從側出以見意
　　（參見《康熙字典》氏字，詮釋）。

脈：丿部十二畫，《字彙補》同愈。

音：ㄩˇ《廣韻》以主切，《集韻》、《韻會》勇主切，並音：庾，ㄩˇ

又ㄩˇ《正韻》偶許切，音：雨，ㄩˇ。義同。

又ㄩˊ《集韻》容朱切，《韻會》羊朱切，《正韻》雲俱切，並音：于，ㄩˊ

義：《字彙補》：同"愈"。

又《玉篇》：勝也，《廣韻》：賢也，《增韻》：過也。《孟子》：丹之治水也，愈於禹。

又，進也．益也。《詩．小雅》：憂心愈愈。注：愈愈，猶鬱鬱．煩悶也。蘇氏曰：愈愈，益甚之辭。

又，差也。《左傳．昭二十年》：相從為愈。《註》：愈，差也。《正義》：病差謂之愈。

又ㄩˊ《集韻》、《韻會》、《正韻》並音：于，ㄩˊ。《老子．道德經》：動而愈出。《音義》：羊主反，又羊朱反。

又，通作"俞"。《吳語》：越聞俞章。《荀子・仲尼篇》：俞務而俞遠。茲讀作愈。《前漢書・禮志》：俞甚亡益。

亦通作"瘉"，《晉語》：東方之士孰為瘉。《註》：賢也。又《前漢書・藝文志》：不猶瘉於野乎？

又與"愉"通，《荀子・正論篇》：天子者，勢至重而形至快，心至愈而志無所詘。《註》：愈讀為"愉"。

按：《廣韻》、《集韻》、《韻會》上聲俱切喻母，而《正韻》獨切疑母，蓋北音以疑為喻，故又以喻為疑也。然於平聲又切喻母，則其不安於疑母可知矣。

乙部：yǐ，音：一ˇ

乙：乙部二畫，《字彙補》：古文會字。

音：huì《唐韻》、《集韻》茲廣外切，音：繪，ㄏㄨㄟˋ。合也。

又 kuài《集韻》、《韻會》茲古外切

，音：會、丂ㄨㄞˋ。與"繪"通。

又 kuò《集韻》古活切。音：括，丂ㄨㄛˋ

又 huó《集韻》戶括切，音：活，ㄏㄨㄛˊ

義：《字彙補》：亼，古文會字。

合也。《說文》：會，合也。《易·乾卦》：亨者，嘉之會也。《疏》：使物嘉美之會聚。《書·禹貢》：灉沮會同。《疏》：謂二水會合而同。

又《洪範》：會其有極。《疏》：會，謂集會。《禮·樂記》：竹聲濫，濫以立會，會以聚眾。

又《周禮·天官·大宰》：大朝覲會同。又《春官·大宗伯》時見曰會。

又《禮·檀弓》：周人作會，而民始疑。《註》：會，謂盟也。《左傳·昭三年》：有事而會，不協而盟。

又《左傳·宣七年》：凡師出，與謀曰及，不與謀曰會。

又《集韻》、《韻會》音：儈。與"繪"通。《書·益稷》：日、月、星、辰、山、龍、華、蟲作會。《傳》：會，五采也。《釋文》：馬、鄭作繪。

又《詩·衛風》：會弁如星。《箋》：會，謂弁中之縫也。《釋文》：會，《說文》作䯤。《周禮·夏官·弁師》：王之皮弁會，五采。《註》："會"作"䯤"，鄭司農云：謂以五采束髮也。《士喪禮》曰：檜用組，乃笄。檜讀與䯤同，書之異耳。

又《周禮·天官·小宰》：聽出入以要。《註》：謂計最之簿書，月計四要，歲計曰會。又《天官·司會註》：會，大計也。

又《周禮·夏官·職方氏》：東南曰揚州，其山鎮曰會稽。《註》：會稽，在山陰。

又，姓。《姓氏急就篇》：漢武陽令

會棚。《風俗通》∴陸終第六子，會
人之後，妘姓。

又《路史》∴皋陶之後，有會氏。望
出武陽，治所在今河北大名東。

又《集韻》音∴栝。會撮，項椎也。

又《集韻》音∴活。《莊子·人間世
》∴會撮指天，向秀讀。

又《韻補》∴今聲濁，叶泰。古聲清
，叶祭。邵正《釋議》∴三方鼎峙，
九有未乂。聖賢拯救之秋，列士樹功
之會。

乤∴乙部三畫。梵語字母。

音∴未詳

義∴乤，梵語五十字母之一。

飞∴乙部六畫。《新華字典》作∴乙部二畫
（飞）。《康熙字典》、《國語日報字
典》皆作＂飛＂部，又借作∴非。

音∴fēi《唐韻》甫微切，《集韻》、《韻
會》匪微切，茲音∴非∴ㄈㄟ。

義∴飞，《標準學生字典》作∴飛字的簡

寫，《新華字典》作：飞。

《玉篇》：鳥翥。《廣韻》：飛翔。

《易·乾卦》：飛龍在天。《詩·邶風》：燕燕于飛。

又，官名。《前漢書·宣帝紀》：西羌反，應募佽飛射士。

又《釋名》：船上重室曰飛廬。在上，故曰飛也。

又"六飛"，馬名。《前漢書·袁盎傳》：騁六飛馳不測山。《註》：六馬之疾若飛也。別，作"騛"。

又"桑飛"，鷦鷯別名。

又"飛廉"，神禽名。《三輔黃圖》：能致風，身似鹿，頭似雀，有角蛇尾，文似豹。郭璞云：飛廉，龍雀也，世因以飛廉為風伯之名，其實則禽也。

又"飛廉"，藥名。《本草》：漏蘆，一名：飛廉。《博雅》：飛廉，漏蘆也。

又《廣韻》：古通作"蜚"。《史記·秦紀》：蜚廉善走。

又借作"非"，《漢藁長蔡君頌》：飛陶唐其孰能若是？

《說文徐註》：上旁飞者，象鳥頸。

覷：乙部十一畫，《五篇》：古文龜字。

案：音、義，參見"覷"字，詮釋。

丿部：juě，音：ㄐㄩㄝˊ

屮：丿部三畫，同"丩"

音：jué《類篇》居月切，音：厥，ㄐㄩㄝˊ

又jié《集韻》、《類篇》太居謁切，音：訐，ㄐㄧㄝˊ

義：《集韻》、《類篇》音：訐，"丩屮"，動狀，从丨丿相向。

𠄌：丿部六畫、《字彙補》：籀文乃字。

音：nǎi《唐韻》奴亥切、《集韻》、《韻會》、《正韻》囊亥切，太音：奈，上聲，ㄋㄞˇ

又ǎi《正韻》依亥切，哀上聲，ㄞˇ

義：《說文》、《字彙補》：𠄌，籀文"

乃"字,又大也。

語辭,《莊子·逍遙遊》：而後乃今培風。

又,承上起下之辭。《爾雅序疏》：若乃者,因上起下語。

又,繼事之辭。《書·堯典》：乃命羲和。

又,辭之難也。《公羊傳·宣八年》：而者何?難也。乃者何?難也。曷為或言而,或言乃,乃難乎而也。

又,辭之緩也。《周禮·秋官·小司寇》：乃致事。《註》：乃,緩辭。

又,語已辭。韓愈《闘雞聯句》：一噴一醒然,再接再礪乃。《註》：用《費誓》"礪乃鋒刃"語也。又王褘詩：茲焉舍我去,契闊將無乃。

又,爾汝之稱。《書·大禹謨》：惟乃之休。《註》：乃,猶汝也。

又,某也。《禮·雜記》：祝稱,卜葬虞子孫曰哀,夫曰乃。《註》：乃某卜葬其妻某氏。

又，彼也。《莊子·大宗師》：孟孫氏人哭亦哭，是自其所以乃。

又《唐書·南蠻傳》：昔有人見二羊鬭海岸，彊者則見，弱者入山，時人謂之來乃。來乃者，勝勢也。

又，地名。《元史·地理志》：新添葛蠻安撫司，都鎮馬乃等處。

又，果名。《桂海虞衡志》：特乃子，狀似榧，而圓長端正。

又《玉篇》：或作迺。《詩·大雅》：迺慰迺止，迺左迺右。《前漢書·項籍傳》：必欲烹迺公。

又ǎi《正韻》音：矮，上聲，ㄞˇ。《字彙》：欸乃，棹船相應聲。黃山谷曰：欸乃湖中節歌聲。《正字通》：欸乃，本作欸乃。今行船搖櫓戞軋聲似之。柳宗元詩：欸乃一聲山水綠。元結《湖南欸乃曲》：讀如矮靄，是也。劉蛻《湖中歌》：靄迺，劉言史

《瀟湘詩》：曖逦，皆"欸乃"之譌
按：欸、亞改切，應也。後人因《柳集》
註有云"一本作襖靄"，遂直音欸為
襖，乃為靄。不知彼註自謂別本作"
襖靄"，非謂欸乃當音襖靄也。《正
韻‧上聲‧解韻》：乃音靄，引柳詩
，欸乃讀如襖靄。而《上聲‧巧韻》
襖部不收欵。《去聲‧泰韻》乃音愛
，亦引柳詩，欸乃讀如懊愛。而《去
聲‧效韻》奧部不收欵。至考《旱韻
》，收欵音款‧絕不註明有襖、懊二
音。此可證欵不音襖懊，而"欸"之
譌作"欵"明矣。又乃有靄音無愛音
，《正韻》增音愛，非。又《字彙》
、《正字通》既明辨欵不音襖‧欸譌
作欵，而《字彙‧欠部》：款音襖，
棹船相應聲。《正字通》："櫓聲"
。自相矛盾，尤非。

豫：丿部八畫
音：xù《集韻》象呂切‧《類篇》時與切

、孖音：序，ㄒㄩ

義：堪孖，魚名。狋山所產之魚。俗"孖"
"作孖，譌。《山海經》：狋山有"
堪孖"之魚，狀如夸父而彘尾。音如
呼，見則天下大水。

一曰魚子，《集韻》：孖，曰魚子。

案：《畢沅校本》阮四：孖字，从子从予
。《玉篇》、《俗本》作：二予字，
非也。又《玉篇》：有紓字云同鱮，
疑"孖"即"鱮"異文。

二部：èr，音：ㄦ

三：二部四畫，《說文》：籀文四字。

音：si《唐韻》、《集韻》孖息利切，音
：泗，ㄙˋ

又 xī《集韻》息七切，音：悉，ㄒㄧ

義：《說文》：籀文四字。《集韻》：關
東謂四數為"三"。又《集韻》：關
東謂四數為"悉"。注：三，亦作：
悉，即四數也。

又《說文》：囗，四方也。八，別也

‧口中八象四分之形。

又《五篇》：陰數，次三也。《正韻》：倍二為四。《易‧繫辭》：天一，地二。天三，地四。天五，地六。天七，地八。天九，地十。五位相得而各有合。又：兩儀生四象，四象生八卦。

又，姓。《正字通》：宋有四象，慶元間，知江州府。案：四水，越王勾踐臣。又《路史》：子姓，有四氏。又復姓：四飯氏。《通志氏族略》：四飯缺之後。

又《正字通》：今官司文移變四作"肆"，防詐譌竄易，非四之本義也。

按：《正字通》云："平聲，音司。"引樂譜四五讀"司烏"，不知此特口變易，非四有司音也，《正字通》誤。

人部：rén，音：日ㄣˊ

仌：人部四畫，《廣韻》、《集韻》太太"冰"本字。《說文》"仌"自為部，今依

《正字通》列"人"部。

音：bīng《唐韻》筆陵切、《集韻》、《韻會》悲陵切，茲音：逼平聲，ㄅ一ㄥ

又 níng《集韻》、《正韻》茲魚陵切，音：凝，ㄋ一ㄥ。同"凝"。

又 bìng《集韻》逋孕切，讀去聲ㄅㄥˋ

又 biāng《韻補》叶筆良切，音近濱，ㄅㄧㄅ

義：《廣韻》、《集韻》：仌，冰本字。《說文》：仌，凍也。象水凝之形，本作"仌"，旁省作"冫"。

《說文通訓定聲》：仌，經史皆以"冰"為之。

又，冰古文"𣲺"。《說文》：本作"仌"。徐曰：今文作"冰"。《韓詩說》：冰者，窮谷陰氣所聚不洩，則結而為伏陰。《禮·月令》：孟冬水始冰，仲冬冰益壯，季冬冰方盛。水澤腹堅，命取冰，冰以入。《周禮·天官》：凌人共冰，秋刷冰室，冬藏春啟，夏頒冰。

又《爾雅・釋器》：冰，脂也。《註》：莊子云：肌膚若冰雪，冰雪，脂膏也。《疏》：脂膏，一名冰脂。

又，矢簡蓋曰冰。《左傳・昭二十五年》：公徒釋甲，執冰而踞。《註》：冰，櫝丸蓋。《疏》：盛弓者也，或云：櫝丸是箭簡，其蓋可以取飲。

又《集韻》、《正韻》音：凝，同＂凝＂。《正韻》：古文冰作仌，凝作冰，後人以冰代仌，以凝代冰。

又《集韻》逋孕切，讀去聲，ㄅㄥˋ。《唐書・韋思謙傳》：涕泗冰須。《註》：謂涕著須而凝也。李商隱詩：碧玉冰寒漿。

又《韻補》叶筆良切，音：近濱。《陳琳《大荒賦》：心懇懇以伊感兮，懨永思以增傷。悵太息而攬涕，乃揮霓而淚冰。

仈：人部四畫，《說文》：＂從＂本字。

形：從本字，《說文》：从，相聽也。从
二人。注：从字，从二人會意。《集
韻》：从，隸作：從。

又＂从＂古作：扒，或作：迎。《集
韻》：从，古作扒，或作迎。

又＂从＂，會意。甲文从，金文从，
皆象二人相從形，與小篆从略同。

音：cóng《廣韻》疾容切，《集韻》、《
韻會》、《正韻》墻容切，玆音：俗
，平聲。ㄙㄨˊ。讀從，ㄘㄨㄥˊ。

又cōng《廣韻》、《集韻》玆七恭切
，音：促，平聲，ㄘㄨ。

又chōng《集韻》書容切，音：舂，
ㄔㄨㄥ

又zōng《集韻》將容切，音：蹤，
ㄗㄨㄥ

又zǒng《集韻》祖動切，音：總，
ㄗㄨㄥˇ

又chuáng《集韻》鋤江切，音：淙，平
聲，ㄓㄨㄜ

又 zōng《唐韻》慈用切，《集韻》、《類篇》、《韻會》才用切，茲音從俗，去聲，ㄙㄨˋ

又 sòng《集韻》、《類篇》茲似用切，音：頌、ㄙㄨㄥˋ

又 zòng《集韻》子用切，與〝縱〞同、ㄗㄨㄥˋ

又 cóng，徂客切，音：從，冬平聲，ㄘㄨㄥˊ

《標準學生字典》音：叢、ㄘㄨㄥˊ。音：綜、ㄗㄨㄥˋ。又音：聰、ㄘㄨㄥ

義：《標準學生字典》从、從的簡體字。从、本義。《說文》〝從〞本字，从本義作相聽解。陸佃曰：二人向陽為从，向陰為比。士之趨嚮，不可不慎。按〝从〞字，从二人會意，實含有跟從、聽從二義。《說文》本作：从，相聽也。《書・益稷》：汝無面從。《說命》：后從諫則聖。

又〝从古〞，从古以存真也。《字彙

首卷·从古》：古人六書，各有取義，遞傳於後，漸失其真，故於古字當"从"者，紀而闕之。

又《廣韻》：就也。《易·乾卦》：雲從龍，風從虎。《禮·曲禮》：謀于長者，必操几杖以從之。

又《爾雅·釋詁》：自也。《詩·小雅》：伊誰云從。注：伊，是也。云，語助詞。《箋》：言譖我者，是言從誰生乎？《晉書·明帝紀》：不聞人從日邊來。

又，姓。《廣韻》：漢有將軍從公。《何氏姓苑》：今東莞人。案：從，一作"樅"。《姓纂》：漢將軍從公之後，望出東莞（治所在今山東沂水東北）。

又《廣韻》從，容也。《正韻》：從容，舒緩貌。《書·君陳》：從容以和。《禮·中庸》：從容中道。

又《集韻》"從容"，久意。《禮·

學記》：待其從容，然後盡其聲。

又《集韻》音：蹤。東西曰衡，南北曰從。《詩·齊風》：衡從其畝。注：衡從，通橫縱，東西為橫，南北為縱。畝，壠也。《史記·蘇秦傳》：從合則楚王，衡成則秦帝。

又與"蹤"通，《史記·聶政傳》：重自刑以絕從。《前漢書·張湯傳》：從迹安起。

又《集韻》音：總，高大貌。《韻會》：髻高也。《禮·檀弓》：爾無從從爾。

又，隨行。《周禮·司儀》：客从、拜辱於朝。《唐韻》、《集韻》、《類篇》、《韻會》太音：俗，去聲，ㄙㄨˋ。《說文》本作："㣚"，隨行也。《詩·齊風》：其從如雲。注：從，僕從。如雲，比喻盛多。《論語》：從我者，其由與？

又《韻會》：從天子曰法從，侍從，

《書・冏命》：其侍御僕從。《前漢書・揚雄傳》：趙昭儀，每上甘泉常法從。《註》：師古曰：以法言當從耳！一曰從法駕也。《後漢書・百官志》：羽林郎，掌宿衛侍從。

又《集韻》、《類篇》茲音：頌，同宗也，《爾雅・釋親》：父之世父、叔父為從祖祖父，父之世母、叔母為從祖祖母。《釋名》：從祖父母，言從己親祖別而下也，亦言隨從己祖以為名也。

又《集韻》：與 "縱" 同。《禮・曲禮》：欲不可從，《論語》：從之純如也。

案：从，以類相與，字書云：某字从某字之从。於《說文》（大徐本）、《玉篇》、《廣韻》、《集韻》、《康熙字典》、《說文段注》、《說文義證》、《通訓定聲》……，皆作 "从"，不作：從。

从，從古今字，從為从之累增字，惟古字書多作从，經書則从、從通用，今〝從〞行而〝从〞字罕用。

仸：人部六畫，衆本字，俗作眾，別作眔。

音：zhòng《玉篇》牛林切，或乆林切，音：衆，ㄓㄨㄥˋ

義：《正字通》：仸為衆本字，乑為會意，衆立也。《六書本義》：〝仸〞，从人，三成類為意，象形，亦作仦。

又《玉篇》：衆立也，仸與乑同。《說文》：乑，衆立也，从三人。按〝乑〞字，从三人，會意。

又《字彙》：衆，同〝眾〞。《正字通》：〝眾〞字之譌，別詳眔。

又《說文》：眔，目相及也。本作：眔，从目从隶省。凡鰥、懷等字，皆从此。

又《標準學生字典》：衆，眾的俗體字。

仈：人部六畫

音：yín，音：吟，讀若崟，ㄧㄣˊ。

義：李國英《說文類釋》：㐺，眾立也。

案："㐺"字，从三人，以會意。

众：人部六畫

音：yín《篇海類編》魚琴切，音吟，ㄧㄣˊ

義：《篇海類編》：众，衆立也。與"㐺"異，俗書為"衆"字，非

《標準學生字典》众，眾的簡體字。

案：一說"众"與"㐺"同，引以參證。

众：人部六畫，衆之古字。

案：《國語》曰：人三為"眾"。其音、義，參"㐺、㐺、众"字，詮釋。

𠈌：人部八畫，古文虞字。

音：yú《唐韻》遇俱切，《集韻》、《韻會》元俱切，丛音：愚，ㄩˊ

又yù《韻會》元具切，音：遇，ㄩˋ

義：《六書統》：古文"虞"字，騶虞也，象白虎黑文。

《說文》：騶虞也。白虎黑文，尾長于身。仁獸，食自死之肉。《詩．召

南》：吁嗟乎騶虞。

又，度也。《書・大禹謨》：儆戒無虞。《左傳・桓十七年》：疆場之事，慎守其一，而備其不虞。

又，安也。《儀禮・士虞禮註》：士既葬其父母，迎精而返，日中而祭之于殯宮，以安之。

又，謨也。《詩・魯頌》：無貳無虞，上帝臨女。注：貳，有二心也，虞，《廣雅・釋言》："虞，驚也。"即畏懼也。臨，監視。女，通汝，指代殷戰士。《疏》：言天下歸周，無有貳心，無有疑謨。

又，備也。《晉語》：衛文公有邢翟之虞。

又，樂也。《孟子》：霸者之民，驩虞如也。趙岐《註》：霸者行善郵民，恩澤暴見易知，故民驩虞樂之也。

又《博雅》：助也，望也，擇也。

又《玉篇》：有也，專也。

又《正韻》：慮也，測也。

又、官名。《易・屯卦》：即鹿無虞。《註》：謂虞官。《周禮・天官・大宰》：虞衡，作山澤之材。《疏》：掌山澤者，謂之虞。

又《同文備考》：灥者，守山澤之吏。灥，象山澤險隘。

又，國名。《詩・大雅》：虞芮質厥成。注：虞，古國名，在今山西平陸。芮（音：銳），古國名，在今陝西大荔。質厥成，意謂獻城投降也。《左傳註》：虞國，在河東大陽縣。

又，縣名。《晉書・地理志》：虞縣，屬梁國。

又、姓氏。《潛夫論》：帝舜姓虞。《左傳・昭三年》：箕伯、直柄、虞遂、伯戲。《註》：四人皆舜後。《通志・氏族略》：禹封商均之子于虞城，為諸侯，後以國為氏。

又《姓氏考略》：《廣韻》虞，系出

媯姓，舜後封虞，以國為氏。望出會稽（今浙江紹興）、濟陽（在今山東定陶西北）。

又"虞淵"，地名。《淮南子·天文訓》：日至于虞淵，是為高舂。

又《韻會》音：遇。揚雄《長楊賦》：奉太尊之烈，遵文武之度，後三王之田，反五帝之虞。

又與"吳"同，《史記·孝武帝紀》：不虞不驁，《索隱》讀：話ㄏㄨㄚˊ

又通"吾"，"吾丘壽王"《水經註》作"虞丘壽王"。王應麟《詩考》：鄭虞，或作：騶吾。參見劉芳《詩義疏》。

按：《直音》：俗作"虞"。

僗：人部十畫，《字彙補》：古"盜"字。

音：dào《唐韻》徒到切，《集韻》、《韻會》大到切，《正韻》杜到切，竝音：導，ㄉㄠ

義：《字彙補》：古文"盜"字。

《說文》：私利物也。《易·說卦》：坎為盜。《疏》：取水行潛竊如盜賊也。《左傳·文十八年》：竊賄為盜，盜器為姦。《周禮·秋官》：司隸，帥其民而搏盜賊。《詩·小雅》：君子信盜，亂是用暴。《傳》：盜，逃也。《風俗通》：言其晝伏夜奔，逃避人也。

又《正字通》：凡陰私自利者，皆謂之盜。《穀梁傳·哀四年》：春秋有三盜，微殺大夫，謂之盜。非所取而取之，謂之盜。辟中國之正道以襲利，謂之盜。

又，泉名。《後漢書·郡國志》：徐州有盜泉。《說苑》：水名，盜泉。孔子不飲，醜其名也。

又，星名。《宋史·天文志》：客星東南，曰盜星，主大盜。

又"千里馬名"，《穆天子傳》：右服盜驪。《爾雅·釋畜·疏》：駿馬、小頸、各曰：盜驪。

又、草名。《爾雅·釋草·疏》：葍
，一名：盜庚。

按：《六書正譌》：次即涎字，欲也。欲
皿為盜，會意，从次，俗从次，誤。

价：人部十二畫

音：gòng《篇海大成》音：共，《ㄨㄥˋ

義：未詳

佘：人部十四畫，同"余"，亦同"餘"。

音：yú《集韻》羊諸切，音余，魚平聲ㄩˊ

又yú《唐韻》以諸切，《集韻》、《
韻會》羊諸切，《正韻》雲居切，茲
音：餘，ㄩˊ

義：《說文》：佘，二余也，讀與余同。

又《篇海類編》：同"餘"。

佘、與"余"同。《說文》：佘，二
余也，讀與余同。《玉篇》：佘，同
余。又《集韻》佘，《說文》余也，
《正字通》余，又从二余，作佘。

案：佘字，从二余，以會意。

余、《說文》：余，語之舒也。《爾雅·釋詁》：余，我也。

又〞月名〞：四月為余月。

又〞菜名〞：接余，荇菜也。

又《前漢書·匈奴傳》：單于衣繡，褡綺錦袷被各一，比余。《註》：比余，髮之飾也。

又〞姓〞，由余之後。《風俗通》：秦由余之後。《姓苑》：今新安大族，望出下邳（治所在今江蘇睢寧西北）、吳興（治所烏程，在今浙江吳興南）。

又 xú《集韻》音：徐，ㄒㄩˊ。〞余吾〞，水名，在朔方。

又 tú《集韻》音：徒，ㄊㄨˊ。《史記》：檮余，匈奴山名。

又 yé，音：邪，ㄒㄧㄝˊ。〞褒余〞，蜀地名。一作〞褒斜〞。漢《陽厥碑》〞褒斜〞作〞褒余〞。

又 yǔ 叶演女切，音：與，ㄩˇ。《楚辭

·九思》：鶗雀列兮讙譁，雉雉鳴兮聎余。抱昭華兮寶車，欲衒鬻兮莫取。

又，余與餘同。《周禮·地官》：委人：凡其余斂以待頒賜。《註》：〞余〞同〞餘〞。

又秦，與〞餘〞同。《篇海類編》：秦，與餘同。《說文》：餘，饒也。从食余聲。《玉篇》：殘也。《廣韻》：賸也。《周禮·天官·冢宰》：以九賦斂財賄，九曰幣餘之賦。《鄭註》：百工之餘。《左傳·文元年》：歸餘于終。又《孟子》：餘夫二十五畝。《註》：一夫，上父母，下妻子，以五口、八口為率。如有弟，是餘夫也。

又《周禮·地官·小司徒》：凡國之大事致民，大故致餘子。《註》：餘謂羨也。鄭康成謂餘子，卿大夫之子，當守於王宮者也。《左傳·宣二年》：又宦其餘子。《註》：餘子，嫡子之母弟。

又〝國名〞，《春秋‧莊二年》：夏，公子慶父帥師伐於餘丘。《註》：於餘丘、國名。

又〝地名〞，《左傳‧昭二十二年》：莒敗齊師于壽餘。

又〝舟名〞，《左傳‧昭十七年》：楚大敗吳師，獲其乘舟餘皇。注：餘皇，舟名也。

又〝草名〞，《山海經》：招搖山有草、如韭、青花‧名〝祝餘〞，食之不飢。

又〝姓〞，晉有餘頠、餘文仲。《姓譜》：梁餘、夫餘，俱複姓。

《路史》：吳後有餘氏，又云：越王無疆之次子，�歸守歐餘亭之陽，有餘氏。望出雁門，治所在今山西右玉南，後移治今山西代縣西。

又複姓，餘推氏。《路史》：楚公族，有餘推氏。

梁餘氏，《姓纂》：晉下軍大夫梁餘
子養之後，本衛人，一作：梁子。

夫餘氏，《風俗通》：吳太子夫概王
奔楚，其子在吳，以夫餘為氏（見《
北史》載）。此以國為氏，一作扶餘

又 yé《集韻》音：邪，一せ。《莊子
‧讓王篇》：其緒餘以為國家。《司
馬彪註》：緒餘，殘也。緒音奢，餘
音＂邪＂。

又 yóu 叶夷周切，音：由，一ㄡ。韓愈
《鷟鸑詩》：嘶鳴當大路，志氣若有
餘。顛驥生絕域，自矜無匹儔。

又 yù 叶羊遇切，音：裕，ㄩ。古詩：

　　新人工織縑，故人工織素。

　　織縑日一疋，織素五丈餘。

按：《正字通》：按《周禮‧地官‧委人
》：凡其餘斂以待頒賜。本作＂餘＂
，因聲近譌作＂余＂。故《註》云：
＂余＂當為＂餘＂，謂縣都畜斂之物
。據本註，＂餘＂不當作＂余＂。《

正韻·四魚》"餘"字註，引《周禮
》"餘"亦作"余"。合"余"、"
餘"為一，非。

佮：人部二十畫

  音：yáo《海篇》音：堯，一ㄠ

  義：未詳

僉僉：人部二十四畫

  音：xīn《海篇》音：欣，ㄒㄧㄣ

  義：未詳

籤：人部二十六畫，古文"僉"字。

  音：qiān《字彙補》青天切，音：千，先
    平聲，ㄑㄧㄢ

    又qián《廣韻》、《集韻》、《正韻
    》、《韻會》兹千廉切，音：籤，
    ㄑㄧㄢ

  義：崔希裕《略古》：籤，古文僉字。
    《字彙補》：籤，水和鹽也。
    又《廣韻》、《集韻》、《韻會》、
    《正韻》兹音：籤。皆也，咸也，象
    共言之也。《書·堯典》：僉曰：於

絲哉。

又，揚子《方言》：自山而東，五國之郊，曰：僉。

又＂連枷＂，亦曰：僉，打穀具也。

按：《總要·人部》：僉，从合、吅、从，會意。合集眾口，詢謀相从之義。

儿部：rén，音：日ㄣˊ

兀：儿部六畫

音：gǔ《唐韻》公戶切，《集韻》果戶切，茲音：古。《ㄨˇ

義：《說文》：兀，从人，象左右薆形。《總要》：有眼無精。中象鼻鬲狀，小篆从目，諧鼓聲，作：瞽。

又《玉篇》：兀，壅薆也。从儿，象左右皆薆也。

兆：儿部六畫，《說文》：㕚之古字。

音：zhào《唐韻》治小切，《集韻》、《韻會》直紹切，茲音：肇，ㄓㄠˋ

又zhāo《韻補》叶直遙切，音：朝，ㄓㄠ

義：兆，有名詞、動詞、形容詞三義。

名詞：事故未發生前之徵象，諸如：

預兆、朕兆、景兆，……

《說文》：兆，灼龜圻也。从卜，兆象形。兆，古文"兆"省。

又，灼龜圻裂，以驗吉凶之文曰兆。《左傳·襄二十八年》：卜攻慶氏，示子之兆。

《周禮·春官·大卜》：掌三兆之法，一曰玉兆，二曰瓦兆，三曰原兆。《註》：兆者，灼龜發于火，其形可占者。《前漢書·文帝紀》：兆得大橫。《註》：應劭曰：龜曰兆。

又，徵候曰兆。如吉兆、朕兆、預兆、景兆，……

《晉書·孫楚傳》此乃吉凶之萌兆。

又，人曰兆。班固《幽通賦》：斯象兆之所感。

又，京兆。《韻會》：兆者，象數，言大象所在也。

又，壇域（祭場）、塋界（墓地）皆曰兆。《前漢書・郊祀志》：謹按《周官》兆五帝于四郊。《註》：兆謂為壇之塋域也。

《左傳・哀二年》：無入于兆。《孝經・喪親章》：卜其宅兆，而安厝之。《註》：塋墓界域也。

又，朕兆、預兆，老子《道德經》：我則泊兮其未兆。《註》：意未作之時也。

又，數名。《韻會》：十萬為億，十億為兆。

又，姓氏。《萬姓統譜》：兆，見《姓苑》：兆元亨，榮亭人。萬曆間，蓬萊縣丞。

動詞：見、顯示。《國語・晉》：魂兆於民矣。又《史記・歷書》：游兆執徐三年。《註》：游兆，景也。執徐，辰也。丙辰歲也。

形容詞：眾、多。《書・五子之歌》

：豫臨兆民，若朽索之馭六馬。

又《韻補》叶直遙切，音：朝，ㄓㄠ

。《晉書‧樂志歌》：神之來，光景

昭。聽無聲，視無兆。

兟：儿部八畫，即兓之俗字。

音：jīn《唐韻》子心切、《集韻》咨林切

，太音：浸，平聲，ㄐㄧㄣ

又zàn《集韻》則旰切，音：贊，ㄗㄢˋ

義：《說文》：兓兓，銳意也，从二先。

《正譌》：通用鑯。从二先，諧聲，

與〞兟〝別。

又《集韻》音贊，二人屈己以贊也。

按：兓〈會意〉，《說文》：兓，替替銳

意也，从二先。各本譌替替，今依《

玉篇》、《集韻》正，兓兓，銳意也

。〞兓兓〝其言所謂意內而言外也，

凡俗用鑯夭字，即〞兓〝字之俗，今

俗行而正廢矣。

兒：儿部十畫，《正字通》：同〞昆〝。

音：kūn《唐韻》古渾切，《集韻》、《韻

會》、《正韻》公渾切，太音＝崑，
ㄎㄨㄣ

義：《正字通》同〞昆〞。《總要》：从
二元、會意。元結《規弟融書》計有
功曰：元次山結之弟季川名融，次山
作《處規》，季川曰：兄不復言，兒
有意手？《註》：兒者，兄之別稱。

兟：儿部十二畫，與〞侁〞、〞駪〞同。

音：shēn《唐韻》、《集韻》所臻切，《
韻會》疏臻切，太音＝莘，真平聲，
ㄕㄣ

義：進也．行貌。《說文》：兟、進也、
从二先。

按〞先〞者，人前進之意，兟合二先
，故亦有前進之意。《正字通》：兟
，一曰行貌。

又，眾多貌。《玉篇》：兟兟、眾多
貌。《李商隱詩》：絳節何兟兟。

案：兟、會意。《六書本義》：與〞侁〞
、〞駪〞同。

《標準學生字典》：侁，音申，ㄕㄣ
。動詞，行的意思。形容詞，眾多，
例如：往來侁侁。

又駪，音身，ㄕㄣ。形容詞，群馬爭
先貌。駪駪，眾多，如：駪駪征夫。

競：儿部十四畫，古文作"競"。

音：jìng《唐韻》、《集韻》、《韻會》
茲居陵切，音：矜，ㄐㄧㄥ

又qíng《集韻》巨興切，音：殑，或
情，蒸平聲，ㄑㄧㄥˊ

義：競也，本作競。《正字通》：競，競
本字。《說文》：競，競也。从二兄
，二兄競意，从丰聲，讀若矜。

又，順也。《漢書·武五子廣陵厲王
胥傳》：祇祇競競。《註》：競競，
順也。

又，恐也，懼也。《詩·大雅》〈雲
漢〉：競競業業。《傳》：競競，恐
也。《前漢書·外戚傳》：唯婚姻為
競競。《註》：競競，戒懼也。《正

韻》：不自安貌。

又，動也。《前漢書・司馬相如傳》：入凌兢。《註》：師古曰：寒凉戰慄處。《太玄經・逃》：兢其股。《註》：兢，動也。

又，敬也。戒也，戒懼貌。《說文》：兢，競也。一曰敬也。徐曰：競，強也。《爾雅・釋訓》：兢兢，戒也。《玉篇》：戒慎也。《書・皋陶謨》：兢兢業業，一日二日萬幾。《註》：言當戒懼萬事之微也。

　　案：非常小心貌，如：戰戰兢兢。

又，堅彊也。《集韻》：兢兢，堅彊貌。《詩・小雅》（無羊）：矜矜兢兢。注：矜矜，走路伶俐迅速貌。兢兢，爭先前進貌。

又與〝矜〞通。《韻會》：通作矜。《詩・小雅》（小旻）：戰戰兢兢。《左傳・宣十六年》：戰戰矜矜。《文選》韋孟詩：矜矜先王。《註》：

戒也。

按：兢上作艸，不作竝，作竝為競。兢、

競，形似音同，而義迥別。

龚：儿部十五畫，《字彙補》：與壵同。

音：lù《字彙補》力谷切，音：陸，ㄌㄨˋ

義：《字彙補》：龚，與"壵"同。

楊氏《襍字韻寶》：地葦曰蘭壵。

案：《中文大辭典》：龚，蘇之譌字。《

字彙補》：龚同蘇。見《楊氏襍字韻

寶》。

競：儿部十八畫，《集韻》：兢，古作競。

音：jing，音：兢，ㄐㄧㄥ

義：《集韻》：兢，古作：競。

又《正字通》：競，兢本字。

案：參見"兢"字，詮釋。

竞竞：儿部二十四畫，古文"赴"字。

音：fù《玉篇》芳句切，音：付，ㄈㄨ

又fù《廣韻》芳遇切，音：訃，ㄈㄨ

又fú《集韻》房尤切，音：浮，ㄈㄨˊ

義：《玉篇》：急疾也。今作"赴"，亦

作"趙"。

又《類篇》：行貌。

《說文》：毚，疾也。从三兔。今字
毚、趙，皆廢矣。

案：毚，會意。《說文》：毚，疾也，从
三兔。《段注》：與三馬、三鹿、三
羊、三魚取意同，兔善走，三之則更
疾矣。

兟：儿部二十四畫
兟

音：xiǒng《字彙補》香仲切，音：趙，
丁一又

義：未詳

入部：rù，音：曰ㄨˊ

从：入部四畫

音：liǎng《集韻》里養切，音：良上聲，
ㄌ一尢

義：《說文》：二入也，网从此。《段注
》：网各本作"兩"，今按兩从网，
网从"从"也。

案：从，會意。《說文》：从，二入也（

以形為義）。按〃从〃字，从二入，
以會意也。

仚：入部九畫

音：qí《字彙補》渠移切，音：奇，ㄑㄧˊ

義：《字彙補》：仚，參差也。

按：《海篇》〃仚〃字音箇，〃仚〃字音
奇。《廣韻》以〃仚〃字音奇，無此
字，疑必有誤，存考。

八部：bā，音：ㄅㄚ

八：八部四畫，《玉篇》：古文〃別〃字。

音：bié《唐韻》方別切，《集韻》、《韻
會》筆別切，《正韻》必列切，太音
：鞭，入聲，ㄅㄧㄢ
又bié《唐韻》、《集韻》、《韻會》
皮列切，《正韻》避列切，太音：便
，入聲，ㄅㄧㄢ

義：《玉篇》：八，古文〃別〃字，
分也。《說文》：八，分解也，从重
八。《孝經》說曰：故上下有別。
《玉篇》：分別也。《增韻》：辨也

。《禮．曲禮》：日月以告君，以厚其別也。《爾雅．釋山》：小山別大山，鮮。《疏》：謂小山與大山不相連屬者名鮮。《淮南子．齊俗訓》：宰庖之切割分別也。晉仲長敖《性賦》：同稟氣質，無有區別。

又"傳別"，謂券書也。《周禮．天官．小宰》：八成，聽稱責以傳別。《註》：鄭曰：為大手書於一札，中字別之。

又，離也。《玉篇》：離也。《增韻》：解也，訣也。江淹《別賦》：黯然銷魂者，惟別而已矣。宋謝惠連《夜集歎乖詩》：詩人詠踟躕，搔首歌離別。梁荀濟《贈陰梁州詩》：已作金蘭契，何言雲雨別。

[illegible]：八部八畫

音：hài《五音篇海》音：害，广分

義：未詳

[illegible]：八部二十畫，俗"顚"字，亦作：顛。

音：diān《正字通》："俗"顛"字，音：
顛，ㄉㄧㄢ

義：揚雄《幷州牧箴》：太上曜德，其次
曜兵。德兵俱顛，靡不悴荒。

顛：八部二十畫，《廣韻》：顛，或作顛。

音：diān《廣韻》："顛"，或作"顛"
，讀：ㄉㄧㄢ

義：《唐書・李石傳》：晉君匄以夷曠致
顛覆。

《正字通》：顛，俗"顛"字。

《標準學生字典》、《東方國語辭典
》、《超群國語辭典》，顛字釋義：

名詞：諸如：白顛、顛末、山顛，⋯

動詞：例如：顛簸、顛仆、顛狂，⋯

形容詞：如：顛沛、顛倒、顛峰，⋯

冂部：jiōng，音：ㄐㄩㄥ

同：冂部四畫，《集韻》：人，古作：同。

音：rén《唐韻》如鄰切，《集韻》、《韻
會》、《正韻》而鄰切，太音：仁，
ㄖㄣˊ

又 rán《韻補》叶如延切，音然，曰ㄅ
義：《集韻》：人，古作″同″。

《説文》：天地之性最貴者也。《釋
名》：人，仁也，仁生物也。《禮‧
禮運》：人者，天地之德，陰陽之交
，鬼神之會，五行之秀氣也。

又″一人″，君也。《書‧呂刑》：
一人有慶，兆民賴之。又″予一人″
，天子自稱也。《湯誥》：嗟爾萬方
有眾，明聽予一人誥。

又″二人″，父母也。《詩‧小雅》
：明發不寐，有懷二人。注：明發，
天亮。《廣雅‧釋詁》：發，明也。
二人，指父母也。

又″左人″、″中人″，翟國二邑。
又，官名。《周禮》有″庖人″、″
亨人″、″漿人″、″凌人″之類。
又″楓人″，《朝野僉載》：老楓所
化。又《歲時記》：蒲人、艾人。
又″姓氏″，明人傑。又″左人″、

"聞人"，俱複姓。

又"夫人"，劉向《列女頌》：望色
請罪，桓公嘉焉。厥後治內，立為夫
人。

罔：门部八畫，兔之籀文，俗作"兔"。

音：chuò《唐韻》丑略切、《集韻》敕略
切，太音：逴，ㄔㄨㄛˋ

義：《說文》：罔籀文。兔，獸也。似兔
，青色而大。

《玉篇》：罔，與"兔"同。

又《玉篇》、《廣韻》，太同毚。《
郭注》：毚，似兔而鹿腳，青色。

按：毚乃兔之俗體耳，《集韻》別為二字
，非也。

又"兔"象形，頭與兔同，足與鹿同
，合二形為一形也。

几部：jǐ，音：ㄐ一ˇ

凫：几部六畫

音：jī《篇海》音：先，ㄐ一

義：未詳

　案：《康熙字典》（同文書局原版）：引
　　《篇海》音：无。惟《康熙字典》（
　　北京燕山出版社，現代點校版）作：
　　㞊，wú，音：无，ㄨˊ。

凵部：kǎn，音：ㄎㄢˇ

出：凵部五畫

音：chū《唐韻》赤律切。《集韻》、《韻
　　會》、《正韻》尺律切，茲音：春，
　　入聲，ㄔㄨ（讀：出）

　　又 chuì《唐韻》、《集韻》、《韻會
　　》尺類切，《正韻》蚩瑞切。茲音：
　　推，去聲，ㄔㄨㄟˋ

義：《說文》：進也。《廣韻》：見也，
　　遠也。《增韻》：出，入也，吐也，
　　寫也。

　　又 "生也"，《爾雅·釋訓》：男子
　　謂姊妹之子為出。《左傳·成十三年
　　》：康公我之自出。《註》：秦康公
　　、晉之甥也。

　　又《周禮·秋官·大司寇》：其不能

改而出圍土者殺。《註》：出，謂越
獄逃亡也。

又《增韻》：斥也。《正韻》：亦作
"黜""絀"。

又《唐韻》、《集韻》、《韻會》、
《正韻》夶音：推，去聲。自中而外
也。又《正韻》：凡物自出，則入聲
，非自出而出之，則去聲。然亦有互
用者。

又chuì叶尺僞切，吹，去聲，ㄔㄨㄟˋ
。《詩·小雅》：匪舌是出，維躬是
瘁。《詩經今注》：出，當讀為"拙
"。躬，自身。意謂自身會受毀損。

又chú叶敕律切，音：黜，ㄔㄨˊ。馬融
《圍棋賦》：懷惑窘乏兮，無令詐出
。深念遠慮兮，勝乃可必。

又zhuó《韻補》叶側劣切，音：茁，
ㄓㄨㄛˊ。曹植《卞后誄》：詳惟聖善
，岐嶷秀出。德配姜嫄，不忝先哲。

又chí叶本知切，音：侈，ㄔˊ。《穆天

子傳·西王母謠》：白雲在天，丘陵
自出。道里悠遠，山川間之。

又 chì 叶赤至切，音：熾、ㄔˋ。《楚辭
·九章》：竊快在其中心兮，揚厥憑
而不竢。芳與澤其雜糅兮，羌芳華自
中出。《靈樞經》：男内女外，堅拒
勿出，謹守勿内，是謂得氣。

㞞：山部十八畫

音：yóu《龍龕手鑑》：㞞，音：幽，一又

義：未詳

刀部：dāo，音：ㄉㄠ

刅：刀部四畫，古文 " 剝 " 字。

音：bó《唐韻》、《集韻》、《韻會》太
北角切，音：駁、ㄅㄛˊ

又 pú《集韻》普木切，《正韻》普卜
切，太音：璞、ㄆㄨˊ

義：《字彙補》：古文 " 剝 " 字，見《歸
藏易》、

《說文》：剝，裂也。从刀彔聲。《
玉篇》：削也。《廣韻》：落也，割

也，傷害也。《楚辭‧九思》：怫鬱
今肝切剝。

又《增韻》：褫也，脫也。

又”卦名”，《易‧剝卦》：剝也，
柔變剛也。

又《周禮‧秋官‧柞氏》：冬日至，
令剝陰木而水之。《註》：謂斫去次
地之皮。

又，殺牲體解之名。《詩‧小雅》：
或剝或亨。《詩經今注》：剝，宰割
，亨，同烹，燒煮食物。

又《禮‧檀弓》：喪不剝奠也與。《
註》：剝者，不巾覆也。脯醢之奠不
惡塵埃，故可無巾覆。

又《集韻》、《正韻》払音：璞。力
擊也。《詩‧豳風》：八月剝棗。《
詩經今注》：剝，通扑，擊也。

又bú，音：卜，ㄅㄨˊ。魏‧劉楨《魯
都賦》：毛群隕殪，羽族殲剝。塡崎
塞吷，不可勝錄。

窧：《集韻》：與"從"同。《正字通》
：从，篆作"刕"。參見人部"从"
字、詮釋。

又《韻會》：同"刈"。《說文》：
剴，重文作：刈。《集韻》：本作：
剴，或作"刈"，亦作"剴"。

刕：刀部六畫

音：lí《唐韻》力脂切，《集韻》良脂切
，並音：黎，ㄌㄧˊ

又lí《集韻》憐題切。音：黎，ㄌㄧˊ
。義同。

義：《正字通》：刕，割也。

又，姓也。出蜀刀達之後，避難改為
"刕"字。《通志氏族略》：刕氏，
以名為氏。蜀有刀達，避難改為。又
百濟八姓，其三曰：刕氏。

刀氏，楊慎《希姓錄》：王驥平麓川
，賜夷人以怕刀剴三姓，後染華風，
改為"刀"氏。

刀氏，貂勃之後。《復古編》：刀、

貂，聲同而字異，本一姓，宜作"刕"，"刀"，作＝刀，非也。

刕氏，音＝黎，ㄌㄧˊ。《廣韻》引字書云＝出蜀刀達之後，避難改"刕"氏，望出渤海（即＝勃海），治所在浮陽，於今河北省滄縣東南東關。

按＝《六書故》＝刕，又作"劦"，或作"劽"。

又《集韻》音＝黎，義同。

力部＝lì，音＝ㄌㄧˋ

劦＝力部四畫，古文"從"字。

按＝《字彙補》＝"刕"字之譌。

又《龍龕手鑑》＝古文"從"字。音、義，參"从"（從）字，詮釋。

劦＝力部六畫，《集韻》＝劦，通作＝協。

音＝xié《唐韻》胡頰切，《集韻》檄頰切，並音＝協，ㄒㄧㄝˊ

義＝《說文》＝劦，同力也。从三力，會意。段注＝同力者，龢也。龢調也。《山海經》＝惟號之山，其風若劦。

又《玉篇》：劦，急也。

又《集韻》：飈，風調也，或作劦。

又《集韻》音：颲。劦，力不輟也。

又，姓氏。《北史・百濟傳》：百濟國大姓，有八族：沙氏、燕氏、劦氏、------劦音：協，一本作劦，平聲。

又《姓氏辯證》：劦音：俠，朝鮮大姓有"劦"氏。

又《集韻》：劦，通作"協"。

《說文》：眾之同和也，从劦、十聲。《書・堯典》：協和萬邦。《皋陶謨》：同寅協恭。

又《爾雅・釋詁》：服也。《疏》：協者，和合而服也。《書・微子之命》：下民祇協。《晉書・虞溥傳》：崇尚道素，廣開學業，讚協時雍，光揚盛化。

又《集韻》與"劦"通。《山海經》：惟號之山，其風若劦，通作：協。又作"汁"。《周禮註》：卿士汁日。張衡《西京賦》：五緯相汁。

按：《說文》：協，同眾之龢也。《段注
》：各本作眾之和同，非是。今正同
眾之和，一如同力。从劦十，十，眾
也。又謂與恊、勰、協同音，而不知
三字皆以"劦"會意，非以形聲也。

勹部：bāo，音：ㄅㄠ

芻：勹部十畫，《字彙補》：與"芻"同，

按：《說文》"芻"从勹从屮，象包束屮
之形，今改从小，無義，當是"芻"
字譌文。

又《六書正譌》：芻，象包束草之形
，俗作"芻"，非也。

注：音、義，參見"芻"字詮釋。

㚷：勹部十畫，《唐韻》：古文"宜"字。

音：yí《唐韻》、《集韻》魚羈切，《韻
會》疑羈切，並音：儀，ㄧˊ

又《前漢書·地理志》：伯益能儀百
物。"儀"讀與"宜"同。

義：《說文》：宜，所安也。《增韻》：

適理也。《廣韻》：宜也。

又《詩·周南》：宜其室家。《詩經今注》：宜，適當。《傳》：宜者，和順之意。

又《爾雅·釋詁》：宜，事也。《毛傳》：宜其事也。

又《玉篇》：當也，合當然也。

案：參見"寍"〈宜〉字，詮釋。

朐：勹部十畫，《集韻》：與"胊"同。

音：qú《唐韻》其俱切，《集韻》、《韻會》權俱切，夶音：劬，ㄑㄩˊ

義：《集韻》：胊，或作：朐。

《說文》：脯脡也。《玉篇》：脯也。《韻會》：申曰脡，屈曰胊。《禮·曲禮》：左朐右末。《註》：屈中曰朐。《儀禮·士虞禮》：朐在南。《註》：朐，脯及乾肉之屈也。

又，遠也。《管子·侈靡篇》：觀之風氣，古之祭者，有時而朐。《註》：朐，遠也。或遠為來歲，祈福而祭也。

又，草名。《爾雅‧釋草》：峯、柜
朐。

又《廣韻》：亦″山名″。《標準學
生字典》：朐，山名。一在江蘇省東
海縣南，俗稱：馬耳山。一在山東省
臨朐縣東南，又稱：覆釜山。

又，國名。《山海經》：北朐國、在
鬱水南。

又，邑名。《前漢書‧五行志》：取
須朐‧城郛。《註》：須朐，邾邑。

又《地理志》：臨朐。《註》：屬齊
郡。《新華字典》：臨朐，地名，在
山東省。又縣名：山東省臨朐縣。

又‧海上地名。《史記‧秦始皇紀》
：於是立石東海上朐界中。

又，姓氏。《鹽鐵論》：漢‧朐邴‧
《姓氏考略》：朐，音：劬、ㄑㄩˊ
《路史》伏羲後有朐氏，朐以地為氏
。《漢書‧地理志》：朐城，在壽昌

西北。

又，人名。《前漢書・宣元六王傳》
：姬朐臑，故親幸，後疏遠。

又 Xū《集韻》音：訏，ㄒㄩ。"朐衍
"，戎名，在北地。

又 Xù 吁五切，音：旭，ㄒㄩ。又 Xiōng
翊拱切，音：洶，ㄒㄩㄥ。義太同。

又 chǔn《廣韻》尺尹切，音：蠢，
ㄔㄨㄣˇ。漢・朐臑，縣名。《後漢書
・吳漢傳》：宗歆、楊偉、朐臑、徐
客等。《註》：十三州志，朐臑其地
下濕多朐臑蟲，因以名縣。《後漢書
・劉焉傳》：璋以此遂屯兵"朐臑"
備表。

又 bō《五音集韻》北角切，音：剝，
ㄅㄛ。同"箙"

按：《集韻》：朐，或作：的。《正韻》
：脯屈中曰朐，從肉從句。與"胸"
不同，胸從日月之月，音：吁，ㄒㄩ

匕部：bǐ，音：ㄅㄧˇ

北：匕部五畫，古文"𡐫"字。

音：bēi《唐韻》博墨切，《集韻》、《韻
　　會》必墨切，《正韻》必勒切，太太音
　　：絣，入聲，ㄅㄟ

　　又bèi《集韻》補妹切，《韻會》蒲妹
　　切，太太音：背，ㄅㄟ

義：北有名詞、動詞、形容詞之義。

　　名詞：方位、方向、姓氏、‥‥‥‥

　　方位名、方向名，北與南相對。

　　《玉篇》：方名。《正字通》：北、
　　朔方也。《論衡·說日》：北方，陰
　　也。《史記·天官書》：北方水，太
　　陰之精。主冬、曰壬癸。《前漢書·
　　律歷志》：太陰者北方。北、伏也。
　　陽氣伏于下，于時為冬。又《詩·小
　　雅》：維北有斗，不可以挹酒漿。《
　　詩經今注》：斗，北斗星，有星七顆
　　，形似斗，有柄，古代量斗有柄，挹
　　，舀。古代用斗挹取酒漿。

　　又、姓氏。《萬姓統譜》：北，見《

姓苑》：北人（舜友）、北門、北宮
（姬姓‧衛公族）、北郭（齊大夫北
郭子車）等複姓所改，一說高麗姓。
又，敗走者之稱。李陵《答蘇武書》
：追奔逐北。

又，叛曰北，通背。《說文》：乖也
，从二人相背。徐曰：乖者，相背違
也。《史記‧魯仲連傳》：士無反北
之心。

動詞：奔也、行也、違也、分也，─
奔，敗北。《廣韻》：奔也。《史記
‧管仲傳》：吾三戰三北。

向北行，《呂覽‧孟春》：候雁北。
又，分也。通背：留善去惡，使兩相
分開。《集韻》：違也。《正韻》：
分異也。《書‧舜典》：庶績咸熙，
分北三苗。《註》：分其頑梗，使背
離也。

形容詞：在北的，諸如：北山、北斗
、北夷、北辰、北岳、北海、北國、

北朝、北極，⋯⋯⋯⋯

《詩·邶風》：出自北門，憂心殷殷
。《詩經今注》：殷殷，憂傷貌。

又，梁啟超《王荊公傳》：荊公，以
南人驟入相，北人妒焉。

匸部：xì，音：ㄒㄧˋ

匶：匸部二十二畫，《字彙補》音義與鏂同

音：ōu《廣韻》、《集韻》𠀤烏侯切，音
：謳，又

義：《玉篇》：鉗鏂。《集韻》：門鋪，
謂之鏂鈽。《博雅》：鋊鍛，謂之鏂
鈽。

又 kōu《集韻》墟侯切，音：彄，ㄎ又
。剜也，本作：剾。

按：《字彙補》：匶，音、義與〞鏂〞同

十部：shí，音：ㄕˊ

卄：十部四畫，亦作〞廿〞，同〞廿〞字。

音：niàn《玉篇》如拾切，音念，ㄋㄧㄢˋ
又 rù《廣韻》人執切，音：入，ㄖㄨˋ

義：《玉篇》：二十併也，今直為二十字

。《廣韻》：廿，今作：卄。

《標準學生字典》：卄，同 " 廿 " 字。數目名，就是 " 二十 " 。

又《集韻》、《韻會》並作 " 廿 " 。

《說文》：廿，二十并也，古文省。

徐鉉：自古以來書二十字，從省併為廿字也。

卅：十部六畫，今作 " 卅 " 。

音：sà《集韻》、《韻會》悉盍切，《正韻》悉合切，並音：颯，ㄙㄚˋ

義：《說文》：卅，三十也。今作：卅，十并也。

又《廣韻》卅，三十也。今作：卅，直為三十字。

又《標準學生字典》、《東方國語辭典》、《超群國語辭典》：卅，數目名，就是 " 三十 " 。

卅：十部六畫，《正字通》：卅之本字。

音：sà《廣韻》蘇合切，音：颯，ㄙㄚˋ

義：《廣韻》、《集韻》並 " 卅 " 本字。

《說文》：卅，三十并也。今作＂卅
＂，直爲三十字。

又《正字通》：卅，卅之本字。

韓愈《孔戮墓志》：孔世卅八，吾見
其孫，白而長身，寡笑與言。

又《稗史》：滇人，謂貝八十枚爲一
＂卅＂。

卅：十部六畫，與＂卄＂同。亦作：卌。

 音：xi《唐韻》先立切，《集韻》息入切
，太音：心，入聲，ㄒㄧ

 義：《字統》：插糞杷。

 《說文》：數名，亦直爲四十字。

 《標準學生字典》：卌，數目名，就
是＂四十＂。

 案：《東方國語辭典》：卌，同＂卄＂。

卉：十部六畫，古文＂卉＂字。

 音：hui《唐韻》許偉切，《集韻》、《韻
會》詡鬼切，太音：諱上聲，ㄏㄨㄟˇ

 又《唐韻》、《集韻》、《韻會》太
許貴切，音：諱，義同。

又 Wù《文選注》許屈切，物入聲，又

義：草之總者，本作：芔。《韻會》：卉

，本作：芔。《說文》：芔，艸之總

名也，从艸屮。《段注》：三屮，即

三艸也，會意。

又，草曰卉：百卉、花卉、奇卉、藤

卉、靈卉，《詩·小雅》：春日遲遲

，卉木萋萋。

又，果木曰卉。《詩·小雅》：山有

嘉卉，侯栗侯梅。《詩經今注》：侯

，猶維也。《南史·徐勉傳》：聚石

移果，雜以花卉，以娛休沐，用託性

靈。

又，姓氏。《萬姓統譜》：卉，見《

姓苑》。

又與〝莽〞通。《說文通訓定聲》：

卉，假借為〝莽〞。

又，草製成的、草質的，《拾遺記·

燕昭王》：結草為衣，是為卉服。

按：卉，會意。《說文通訓定聲》：卉，

艸之總名也。从少从艸，會意，有大有小也。因三少亦象眾多之意，故為草之總稱。

又《韻會》：《復古編》云：古"艸"从三少，今作：卉，三十并也。

千：十部六畫，《字彙補》：與"年"同。

音：nián《唐韻》、《廣韻》奴顛切，《集韻》、《類篇》、《韻會》寧顛切、《正韻》寧田切，太音：撚，平聲，ㄋㄧㄢ

義：《字彙補》：千，與"年"同。

《說文》本作"秊"，穀熟也。从禾千聲。《春秋·桓三年》：有年。《穀梁傳》：五穀皆熟為有年。《宣十六年》：大有年。《穀梁傳》：五穀大熟為大有年。

又，歲也。《爾雅·釋天》：夏曰歲，商曰祀，周曰年，唐虞曰載。《註》：歲取星行一次，祀取四時一終，年取禾一熟，載取物終更始。《疏》：

年者，禾熟之名。每歲一熟，故以為歲名。《周禮·春官》：正歲年以序事。《註》：中數曰歲，朔數曰年。《疏》：一年之內有二十四氣，節氣在前，中氣在後。節氣一名朔氣，中氣而則為歲，朔氣而則為年。《左傳·宣三年》：卜年七百。

又，齒也。《釋名》：年，進也，進而前也。《禮·王制》：凡三王養老，皆引年。《註》：引年，校年也。《左傳·定四年》：武王之母弟八人，周公為太宰，康叔為司寇，聃季為司空，五叔無官，豈尚年哉？《註》言以德為輕重，而不以齒為先後也。

又，姓氏。《萬姓統譜》：永樂中有年富，懷遠人，歷官戶部尚書。案：作"年當"有誤，見《明史·年富傳》載。

《路史》：齊太公後有年氏。又作"嚴"姓，訛為"年"氏。

又 rén 叶穰肉切，音：紐，日ㄣˊ。《前漢書‧叙傳》：封禪郊祀，登秩百神。協律改正，享茲永年。崔駰《襪銘》：長履景福，至於億年。皇靈既佑，祉祿來臻。

又 níng《集韻》乃定切，音：佞，ㄋㄧㄥˊ。人名，《公羊傳‧襄三十年》：年夫。《釋文》：年，音：佞，二《傳》作：佞夫。

按：《集韻》疛書作"秊"。唐武后作"秊"。《唐史》作"秊"。

卍：十部六畫，與"卐"同。

形：卐字形式，係在十字基礎上，將其四臂旋轉九十度（90°）方向，向左或向右者皆有，諸如："卍"、"卐"，卐字，通常有正看或傾斜四十五度（45°）角，兩種畫法。

卐字，於印度之原形中，四筆的每筆中，尚包涵一點，如圖示：卐

在西藏，由於"藏傳佛教"中，使用

轉經筒都是從左向右轉，所以大都書作：卍。

中國唐代武則天，將卍定為右旋。

於佛教中，一般寫作：卍。中國傳統紋樣中，就有使用這個符號，萬字不到頭。唐代高僧玄奘，將卐劃為德。德國納粹時期，納粹黨標誌與卍非常相似。唯納粹黨的卐（左旋），像由文字雙"S"組成之圖案，而與佛教中的卍（右旋），顯有所區別的。

音：wàn，音：萬，ㄨㄢˋ

中國唐代武則天，將"卍"定音為"萬"．ㄨㄢˋ

義：《字彙補》：內典"萬"字。

又《苑咸詩》：蓮花卍字總由天。

又《標準學生字典》卍，梵文萬字。

又《東方國語辭典》：卍，梵文"萬"字。"卐"字之誤，為印度相傳的吉祥標相，取萬德圓滿的意思。

又《超群國語辭典》：卍，印度相傳

的吉祥符號，象徵萬德圓滿，後用作佛教的標幟。

於西方語言中，〝卐〞字稱為Swastika，是字源於梵語。

《維基百科》（IAST）：Swastika，好運的象徵。古代印度宗教的吉祥標誌。

中國唐代武則天，將卍義為吉祥萬德之所集。高僧玄奘，將卐劃為德。

在西藏原始宗教〝苯教〞中，卐字（gyun drung），像〝永恒不變〞象徵。

《牛津高級英英、英漢雙解辭典》：卍（Swastika），像象徵太陽、好運，或納粹主義的，萬字（卍）。

案：參見《維基百科》（IAST）：〝卍〞（萬）字，詮釋。

卄：十部八畫，與〞卅〞同，古文庶字。

案：《字彙補》：四十併也，與〞卅〞同。其音、義，參見〞卅〞字，詮釋。古文庶字，《漢孔和碑》：庶作卄。

音：shù《唐韻》、《集韻》、《韻會》商署切，《正韻》商豫切，太太音：恕，ㄕㄨ

義：古文庶字，《漢孔和碑》：庶作廿。《易·乾卦》：首出庶物，萬國咸寧。《書·堯典》：庶績咸熙。

又《爾雅·釋言》：侈也。《註》：眾多為奢侈。

又《爾雅·釋言》：庶，幸也。《註》：庶幾，僥倖。

又，近辭。《論語》：回也其庶乎。《集註》：庶，近也。

又，脀也。《詩·小雅》：為豆孔庶。《詩經今注》：豆，古代食器，形似高足盤。此指豆中的食物。庶，多也。《傳》：庶，脀也。《疏》：謂於先為豆實之時，必取肉物肥脀美者。

又，支庶。《左傳·宣二年》：其庶子為公行。《註》、庶子，妾子也。

又"庶子"，周官名。《禮·燕義》

：古者周天子之官有庶子官。《註》
：庶子，諸子也。又"庶長"，秦爵
。《左傳·襄十一年》：秦庶長鮑、
庶長武，帥師伐晉以救鄭。

又，姓。《急就篇》：庶霸遂。《註
》：庶，衛公族。《禮記》：子思母
死於衛，庶氏女也。邾庶其來奔，後
亦為庶氏。

又《姓氏考略》：庶，《辯證》本衛
公之族，以非正嫡，號庶氏。《姓氏
急就篇註》邾庶其奔魯，其後為庶氏
。又，庶其、庶長，俱複姓。

庶其，《姓纂》邾庶其之後，以為氏。
庶長，《姓纂》庶長，秦爵，後以為
氏。

又 Shǔ《集韻》賞呂切，音暑·ㄕㄨˇ。
《周禮·秋官》：庶氏。《註》：庶
讀如藥煑之煑，驅除毒蠱之音。《疏
》：取以藥煑，去病去蠱毒。

又 zhī《韻補》之石切，音：隻，ㄓ。

《釋名》：摭也，拾摭之也，謂拾摭
微陋以待遇之也。

又zhǔ《集韻》章恕切、音：翥，ㄓㄨˋ
，義同。

按：《說文》本作：庶，屋下眾也。从广
、从炗。炗，古文光字。徐鉉曰：炗
亦象盛也。

卌：十部八畫，亦作：卅，又同”廿”。

音：xì《唐韻》先立切，《集韻》息入切
，並音：心，入聲，ㄒㄧˋ

義：《字統》：插糞杷。

又《說文》：數名，亦直為四十字。

又《標準學生字典》：卌，數目名，
就是”四十”。

又《東方國語辭典》：卌，同”廿”
，數目名，就是”四十”。

卜部：bǔ，音：ㄅㄨˇ

卝：卜部四畫，同”丱”。

音：ɡuàn《唐韻》、《集韻》、《韻會》
、《正韻》並古患切，音：慣《ㄨㄢ

義：《廣韻》：鬌角也，幼稚也。《集韻》：束髮貌。《詩‧齊風》：總角丱兮。或作"卝"。《詩經今注》：總角，總是束髮，古代未成年的人，頭髮束成兩個髻，左右各一，形似牛角，叫做總角。丱（音：慣），兩髻對稱豎起的樣子。

案：卝同"丱"，參丨部"丱"字詮釋。

卝：卜部四畫，古文"礦"字。

音：kuàng《廣韻》呼瞽切，《韻會》合猛切，《正韻》胡猛切，夶同"礦"（卝），ㄎㄨㄤ

義：《說文》：古文"礦"字。《集韻》：同"礦"。《周禮‧地官‧卝人註》：卝之言礦也，金玉未成器。郭璞《江賦》：其下則金礦丹礫。又"谷名"，《水經注》：倚亳川水，出北山礦谷。

卡：卜部五畫

音：qiǎ《字彙補》從納切，音：雜，ㄆㄚˊ

kǎ《標準學生字典》音：咳、ㄎㄚˇ

又讀：恰上聲、ㄑㄧㄚˊ、亦讀ㄑㄧㄚˇ

義：卡，今有名詞、動詞之義。

名詞：守卡、稅卡、關卡、鰲卡，……

守卡，《字彙補》：楚屬關隘地方，設兵立塘，謂之守卡。

稅卡，政府設立收稅機構，諸如：關卡、鰲卡，…………

譯名：卡片、卡車、卡路里、卡通、卡介苗、卡克拉，………

卡 Card，諸如：卡片、名片、卡紙。

卡車 car，如大型貨運汽車、摩托卡。

卡路里 Calorie，乃計算熱量的單位。

卡通 Cartoon，大都是以時事為題材的諷刺漫畫，拍製成幽默的動畫影片。諸如：頑皮豹，………

卡介苗 BCG，就是防癆疫苗，或稱：結核菌素，係由卡氏與苗氏，研究發現而得名。

卡克拉 carat，表示合金中純金之含量

也。原譯：開，今用：Ｋ。亦作：珠
玉的重量單位，本稱：克拉。

動詞：堵塞，如：卡住、夾在，⋯⋯
橫在中間，不上不下，諸如：魚骨卡
住喉嚨。

夾在中間，例如：把茶几兒，卡在兩
椅子中間。

卡：卜部六畫，《海篇》：同"弄"。

音：lòng《唐韻》、《集韻》、《韻會》
、《正韻》夶盧貢切。籠去聲ㄌㄨㄥˋ。

義：《爾雅·釋言》：玩也。《疏》：謂
玩好也。《詩·小雅》：載弄之璋，
《詩經今注》：載，猶則也。璋，玉
製的禮器，半圭為璋。《前漢書·趙
堯傳》：高祖持御史大夫印弄之。

又，戲也。《左傳·僖九年》：夷吾
弱，不好弄。《註》：弄，戲也。《
前漢書·昭帝紀》：上耕於鉤盾弄田
。《註》師古曰：弄田，謂宴游之田。

又《韻會》：侮也。《前漢書·東方

朔傳》：自公卿在位，朔皆敖弄，無所為屈。

又，樂曲曰弄。《晉書·桓伊傳》：王徽之泊舟青溪側，令人謂伊曰：聞君善吹笛，試為我一奏。伊便下車，踞胡牀，為作三調。弄畢，便上車去。《南史·隱逸傳》：宗少文善琴，古有金石弄，惟少文傳焉！嵇康《琴賦》：改韻易調、奇弄乃發。

又《字彙》：巷也。《國語日報字典》：小巷（胡同）叫弄，亦叫弄堂，亦作：衖。

圧：卜部六畫
　音：kōng《字彙補》苦紅切，音：空、ㄎㄨㄥ
　義：未詳

丽：卜部八畫。《玉篇》：古文"麗"字。
　案：音、義，參見"丽"（麗）字詮釋。
翫：卜部十二畫，古文"我"字。
　音：wǒ《唐韻》五可切，《集韻》、《韻

會》語可切。菝音：俄，上聲，ざ

義：《字彙補》：觬，古文"我"字。

《說文》：我，施身自謂也。从戈、手。《廣韻》：已稱也。

又，稱父母國曰我，親之之詞。《春秋‧隱八年》：我入祊。音閉，匸九

《說文》：作祊，从示彭聲，或从方、門內祭先祖，所以彷徨也。

又《傳》：祊，門內也。孝子不知神之所在，使祝博求之門內之旁，待賓客處也。《禮‧禮器》：設祭於堂為祊乎外。《註》：祊，明日繹祭也。謂之祊者，於廟門之旁，囡各焉。

又，姓氏。古賢人，著書名《我子》。《漢書‧藝文志》：我，春秋齊公子子我之後。戰國時代，有我子，著書，為墨子之學（參見《姓氏考略》我氏）。

又《說文》或說：我，頃頓也。按：頃頓，義與"俄"同。然字書從無作

〞俄〞音者，存考。

又 yí《韻補》叶與之切，音台，ㄊㄞˊ。揚子《太玄經》：出我入我，吉凶之魁。《註》：我音如台小子之台。

又 wǔ 叶阮古切，音：五，ㄨˇ。張衡《鮑德誄》：業業學徒，童蒙求我。濟濟京河，實爲西魯。

矗：卜部二十七畫，籀文卤字，古文卣字。

音：tiáo《唐韻》徒聊切，《集韻》、《類篇》田聊切，夶音：迢，ㄊㄧㄠˊ

又 yǒu《唐韻》與久切，《集韻》、《韻會》以九切，《正韻》雲九切，夶音：酉，一ㄡˇ

又 yóu《唐韻》以周切，《集韻》夷周切，《正韻》于求切，夶音：由一ㄡˊ。義同。

義：《玉篇》：矗，籀文〞卤〞字。

又《唐韻》、《集韻》、《類篇》夶音：迢。草木實垂卤卤然也。

又 diào 多嘯切，音帛ㄉㄧㄠˋ，義同。

又《韻會》：卣，古文"卣"字。

《玉篇》：中尊器也。《爾雅·釋器》：卣，器也。《註》：盛酒尊。《疏》：卣，中尊也。孫炎云：尊，彝為上，罍為下，卣居中。郭云：不大不小，在罍、彝之間。《詩·大雅》：秬鬯一卣。《詩經今注》：秬（音巨），黑黍。秬鬯（音唱），用黑黍和鬱金香草釀成一種香酒。卣（音有），裝酒器，形如壺，有曲柄。

又作"脩"，《周禮·春官·鬯人》：廟用脩。《註》：鄭曰：脩讀曰卣。又《唐韻》以周切，《集韻》夷周切，《正韻》于求切，夶音：由一ㄡˊ，義同。

卩部：jié，音：ㄐㄧㄝˊ

　卪：卩部四畫

　　音：zhuán《字彙補》仕轉切，音：船，上聲，ㄔㄨㄢˊ

　　義：《字彙補》：二卩也，哭字从此。

弨：卩部六畫，與〝卵〞同。

　音：zhuǎn《說文》、《廣韻》太士戀切，

　　　音：僎，ㄓㄨㄢ

　義：《說文》：弨，二卩也。巽字从此。

　　　《玉篇》作〝卵〞。《集韻》作〝卵

　　　〞。《正字通》作〝選〞本字，非。

卵：卩部六畫，與〝卵〞同。

　音：zhuǎn，音〝僎，ㄓㄨㄢ

　義：《集韻》：卵，作〝卵〞。

　　　又《說文》〝卵〞與〝卵〞同。會意

昂：卩部六畫

　音：ji《字彙補》其利切，音〝忌，ㄐㄧˋ

　義：未詳

厂部：hǎn，音：ㄏㄢˇ

厵：厂部三十畫，《廣韻》：同〝源〞，

　音：yuán《廣韻》、《集韻》、《韻會》

　　　太太遇袁切，音：元，ㄩㄢˊ

　義：《廣韻》：同〝源〞字。

　　　《說文》：水象本也。《禮‧月令》

　　　：為民祈祀，山水百源。《註》：眾

水始出為百源。

又，水名。《水經注》：沁水東與丹水合，水出上黨高都縣故城東北阜下，俗謂之源源水。

又，姓氏。《北魏書·源賀傳》：禿髮傉檀之子賀入後魏，魏太武謂之曰：與卿同源，可為源氏。

《姓氏考略》：後魏源賀，河西王禿髮傉檀子，太武帝賜姓源氏（參見《魏書·本傳》載）。望出西平（治所在今青海西寧）。

按：《韻會》：本作"厵"，篆省作"原"。

厶部：si，音：ム

公：厶部四畫，古文"幻"字。

音：huàn《集韻》胡慣切，音患，ㄏㄨㄢ

義：《集韻》：幻，古作"公"。

《說文》：从反予，相詐惑也。《書·無逸》：民無或胥，譸張為幻。

又《廣韻》：化也。《金剛經》：一

切有為法，如夢幻泡影。

又《增韻》：幻，妖術也，或作眩。《前漢書．張騫傳》：犛軒眩人。《註》：眩，讀與"幻"同，即今吞刀吐火，植瓜種樹，屠人截馬之類皆是也。

又Xiàn《唐韻》、《集韻》竝胡辨切，音：莧，ㄒㄧㄢˋ。義同。

又，yuàn叶熒絹切，音：院，ㄩㄢˋ。陸機《刻漏賦》：來像神造，去猶鬼幻。因勢相引，來靈自薦。

案：幻字今義，有名詞、動詞、形容詞：
名詞：假得像真的，如幻術、幻境。
動詞：變幻莫測，如：幻覺、幻化。
形容詞：空虛不實在，諸如：幻想、虛幻、夢幻。

厸：厶部四畫，古文"鄰"字。

音：lín《唐韻》力珍切，《集韻》、《韻會》、《正韻》離珍切，竝音：鄰，ㄌㄧㄣˊ

義：《集韻》：鄰，古作"厸"。《前漢
書·班固敘傳》：本厸虑而助信。

又《廣韻》：近也，親也。《正韻》
：比也。《釋名》：鄰，連也。相接
連也。《周禮·地官·遂人》：五家
為鄰，五鄰為里。

又，連界之國亦稱鄰。《書·蔡仲之
命》：睦乃四鄰。

又，左右輔弼亦曰鄰。《書·益稷》
：臣哉鄰哉。《註》：臣以人言，鄰
以職言。

又，車聲，與"轔"通。《詩·秦風
》：有車鄰鄰。《詩經今注》：鄰鄰
，車鈴聲。《註》：眾車聲。

又 lin《集韻》、《韻會》、《正韻》
太良刃切，音：吝，ㄌㄧㄣˋ。與"瓻
"通。《集韻》：敝也。《正韻》：
動也。《周禮·冬官·考工記》：輪
雖敝不瓻于鑿。《註》：以輪之厚，

石雖齧之，不能撤其鑿，旁使之動也
。甂，本又作：鄰。

又 lián 叶陵延切，音：連，ㄌㄧㄢˊ。
陸機《挽歌》：人往有反歲，我行無
歸年。昔居四民宅，今託萬鬼鄰。

按：《正字通》：本作〝鄰〞，隸作〝隣
〞，今通作〝鄰〞。

厽：厶部六畫

音：léi《唐韻》力委切，《集韻》魯水切
，茲音：累，上聲，ㄌㄟˇ

義：《說文》：厽，絫坺土為牆壁。象形
，凡厽之屬皆从厽。

又 cān《玉篇》七貪切，音：驂，ㄘㄢ
。《尚書》以為〝參〞字。

厸：厶部八畫，《篇海類編》與〝幽〞同。

音：yōu《唐韻》、《集韻》於虯切，《韻
會》幺虯切，《正韻》於尤切，茲音
：呦，一ㄡ

義：《篇海類編》：厸，與〝幽〞同。
《說文》：幽，隱也。《易·履卦》

：幽人貞吉。《疏》：幽隱之人，守道貞吉。《禮·儒行》：幽居而不淫。《疏》：君子雖復隱處，常自修整不傾邪也。《後漢書·章帝章和元年詔》：光照六幽。《註》：謂六合幽隱之處也。

又《爾雅·釋詁》：幽，微也。《疏》：幽者，深微也。《史記·樂書》：極幽而不隱。

又《玉篇》：幽，深遠也。《易·繫辭》：无有遠近幽深。《疏》：言《易》之告人，无問遠之與近，及幽邃深遠之處，皆告之也。《詩·小雅》：幽幽南山。《註》：幽幽，深遠也。《詩經今注》：幽幽，深遠貌。南山，即終南山。

又《玉篇》：幽，不明。《正韻》：幽，闇也。《書·舜典》：黜陟幽明。《註》：黜退其幽者，升進其明者，《禮·檀弓》：望反諸幽，求諸鬼神之道也。《註》：鬼神處幽闇。

又《正韻》：幽，囚也。《史記‧太史公自序》：幽於縲紲。楊惲《報孫會宗書》：身幽北闕。

又，州名。《書‧舜典》：肇十有二州。《傳》：禹治水之後，舜分冀州為幽州、并州。《爾雅‧釋地》：燕曰幽州。《疏》：燕其氣深要，厥性剽疾，故曰幽。幽，要也。

又，地名。《左傳‧莊十六年》：同盟于幽。《註》：幽，宋地。

又，國名。《山海經》：大荒之中有思幽之國，思士不妻，思女不夫。《註》：言其人直思感而氣通，無配合而生子。

又，姓。《廣韻》：出《姓苑》：以諡為氏。一云：或居幽州者，以地為氏（參《姓氏考略》載）。望出京兆（漢代稱京師為京兆，治所長安，在今陝西省西安市西北）。

又，與〞黝〞通。《集韻》：〞黝〞，或作〞幽〞。《禮·玉藻》：一命縕紱幽衡，再命亦紱幽衡，《註》：幽，讀為黝黑之〞黝〞。

又 yǎo 叶於交切，音：窅，一ㄠ。又讀：一ㄠ。《道藏歌》：迴舞太空嶺，六氣運重幽。我際豈能窮，使爾終不彫。又《詩·小雅》：隰桑有阿，其葉有幽。既見君子，德音孔膠。《詩經今注》：幽，黑也。德音，好聲譽。孔，很。膠，牢固。又馬端辰《毛詩傳箋通釋》：〞膠，盛也。〞兩解均通。《傳》：幽，黑也。

絲：厶部十四畫

音：guān《篇海類編》公班切，音：關，《ㄨㄢ

義：《篇海類編》：織質枅也。

去去：厶部十五畫，《字彙補》：同〞去〞。

音：qù《唐韻》、《集韻》、《韻會》太丘據切，音：墟，去聲，ㄑㄩ

義：《字彙補》：砝、同"去"。

《說文》：去，人相違也。段《注》：違離也，人離故从大，大者人也。

《廣韻》：離也。《增韻》：來去、離去、去就之去。《玉篇》：行也。《史記·莊助傳》：汲黯招之不來，麾之不去。

又，棄也。《後漢書·申屠剛傳》：愚聞人所歸者，天所與。人所畔者，天所去也。

又砝《唐韻》羌舉切，《集韻》、《韻會》口舉切，《正韻》丘舉切，砝音：墟，上聲，ㄒㄩˇ。

《集韻》：徹也。

又、藏也。《前漢書·蘇武傳》：掘野鼠，去草實而食之。《註》：去，收藏也。

又《集韻》：或作：弆。《前漢書·陳遵傳》：遵善書，與人尺牘，皆藏弆以為榮。《註》：弆，亦藏也。

又弖《韻會》、《正韻》太丘於切，
音：墟。〈凵。疾走也。《正字通》
：同〝驅〞。《詩·小雅》：鼠鼠攸
去，君子攸芋。《詩經今注》：攸，
于是。鼠鼠攸去，指鼠鼠不能穿牆入
屋為害。芋，借為宇。宇，居也。
《左傳·僖十五年》：秦伯伐晉，卜
之曰：千乘三去，三去之餘，獲其雄
狐。

又部：You，音：一又ˇ

叕：又部四畫，《玉篇》：古文〝友〞字。

　形：《說文》：从二手（又）相交。徐曰
　　：二手相順也。叕有佐佑之義，故从
　　二手。

　音：You《唐韻》云久切，《集韻》、《韻
　　會》、《正韻》云九切，太音：有，
　　一又ˇ

　義：《玉篇》：古文〝友〞字。
　　　《說文》：同志為友。《周禮》注曰
　　　：同師曰朋，同志曰友。《禮·儒行

》：儒有合志同方，營道同術。並立則樂，相下不厭。久不相見，聞流言不信。其行本方立義，同而進，不同而退。其交友有如此者。

又，善于兄弟為友。《書‧君陳》：惟孝友于兄弟。

又，凡氣類合同者，皆曰友。司馬光《潛虛》：醜，友也。天地相友，萬彙以生。日月相友，群倫以明。風雨相友，艸木以榮。君子相友，道德以成。

又 wěi《韻補》叶羽軌切，音：洧ㄨㄟˇ。《前漢書‧禮樂志‧天馬歌》：體容與，迣萬里。今安匹？龍為友。

双：又部四畫，雙的簡體。又作：雙。

音：shuāng，讀：ㄕㄨㄤ。

義：今有名詞、動詞、形容詞之義，如：一双、成双成對、双管齊下，--------兩個、一對。双胞胎、双手、双親、双全、双方、双杠，---------

量詞：用於成對者。一双手套、一双
鞋子、買双袜子，--------
偶數：與〝奇〞數相對。双數（二、
四、六、八等，跟單數相對）。
加倍的，諸如：双份、双料、--------
又《新華字典》：双，作：雙、隻。
又《標準學生字典》：双，〝雙〞的
簡體字。
又《東方國語辭典》：双，〝雙〞的
簡體。

按：《韻會》：雙，俗作〝双〞，非。

叒：又部六畫

音：ruò《唐韻》而灼切，音：若，ㄖㄨㄛˋ
又ráo然擘切，音：饒，ㄖㄠˊ

義：《唐韻》：榑桑，叒木。《說文》：
叒，日初出東方湯谷所登榑桑，叒木
也。《段注》：宋本、葉本，宋刻《
五音韻譜》、《集韻》、《類篇》：
皆作〝湯〞，別刻作〝暘〞，毛扆改
〝湯〞為〝暘〞，非也。

徐四：叒，喬木名，東方自然之神木。

又《精蘊》：叒，順也，道相似也。古人發明取友之義，从三又會意，同心同德，而後可相與輔冀也。桑字从此，象象手之形，非取其義。

又《正譌》：二又為友，三又為叒，所助者多，故為順也，會意。

翠：又部八畫，《玉篇》古文"友"字。

　　案：形、音、義，參見"叒"字，詮釋。

叕：又部八畫

　　音：chuò《唐韻》陟劣切，音輟，ㄔㄨㄛˋ

　　義：《唐韻》：聯也。《玉篇》：連也。

叡：又部十畫，《字彙補》同啓。與启通。

　　音：qǐ《廣韻》康禮切，《集韻》、《韻會》遣禮切，《正韻》祛禮切，𠀤音：綮，ㄑㄧˇ

　　義：《字彙補》：同"啓"。

　　　　《說文》本作：啟，教也。《玉篇》：開發也。《書·堯典》：啟明。《傳》：啟，開也。又《大甲》：啟迪後人。

又《爾雅·釋言》：啟，跪也。《註》：跽也。《詩·小雅》：不遑啟處。《詩經今注》：遑，閑暇。啟，跪。古人席地而坐，兩膝跪着，臀部坐在腳掌上。啟處，安居休息。《傳》：啟，跪。處，居也。

又《廣韻》：別也。又刻也。

又《詩·小雅》：元戎十乘，以先啟行。《詩經今注》：元，大也。元戎，大的戰車。啟行，開道。意言元戎做開路先鋒。《註》：王氏曰：軍前曰啟，後曰殿。先軍行之前者，所謂選鋒也。

又，啟事。《晉書·山濤傳》：濤為吏部尚書，凡用人行政皆先密啟，然後公奏，舉無失才，時稱山公啟事。

又《字彙》：姓也。《姓苑》夏后啟之後。《路史》楚公族，有啟氏。

又《爾雅·釋畜》：前右足白，啟。

《註》：《左傳》曰啟服。《疏》：
昭二十九年，衛侯來獻其乘馬，曰啟
服。杜預曰〝啟服，馬名〞，是也。

又《埤雅》：雨而晝晴曰啟。

又、星名。《詩·小雅》：東有啟明
。《詩經今注》：啟明，即金星，日
出前出現在東方。

又、與〝启〞通。《說文》：启、開
也，从戶、从口，會意。《玉篇》：
《書》曰启明，本亦作〝啟〞。

又《爾雅·釋天》：明星謂之启明。
《註》：太白星也，晨見東方為启明
，昏見西方為太白。按《詩·小雅》
作〝啟明〞。《詩經今注》：啟明，
即金星，日出前出現在東方。

案：《篇海》：啟，同〝啟〞。

籭：又部十四畫，古文〝禷〞字。

音：si，音：似，ㄙ

義：《說文》：籭，古文〝禷〞字。《書
·堯典》：籭，類于上帝。

案：參見〝絲〞字，詮釋。

絲：又部十六畫，絲之古字。

音：si，音：四，厶

義：《集韻》：絲，古作〝絲〞。

案：參見〝絲〞字，詮釋。

口部：kǒu，音：ㄎㄡˇ

吅：口部六畫，古文〝訟〞字。

音：xuān《唐韻》、《集韻》太況袁切，

音：萱，ㄒㄩㄢ

又《集韻》苟緣切，音：宣，義同。

義：《說文》：吅，驚嘑也。从二口，讀

若〝讙〞（huān，音：ㄏㄨㄢ）。徐

鉉曰：今俗別作喧，非。《玉篇》：

囂也，與〝讙〞通。《廣韻》喚聲。

又lín《字彙補》：與鄰同。《漢隸衡

立碑》、《孫根碑》俱有〝吅〞字。

《釋文》：即鄰字。《吹景錄》：鄰

、厸、吅三字，一字也。

又sòng《集韻》：訟，古作：吅。

《唐韻》、《集韻》、《韻會》、《

正韻》祖似用切，音：頌，ㄙㄨㄥˋ

《說文》：訟，爭也，从言公聲。《六書故》：爭曲直于官有司也。《易·訟卦疏》：凡訟者，物有不和，情乖，爭而致其訟。《註》：爭辯也。《雜卦》：訟，不親也。《周禮·地官·大司徒》：凡萬民之不服教，而有獄訟者，聽而斷之。《註》：爭罪曰獄，爭財曰訟。《疏》：對文例也。若獄訟不相對，則爭財亦為獄，

又，眾論異同錯互也。《後漢書·曹褒傳》：會禮之家，名為聚訟。《註》：言相爭不定也。

又，上書為人雪冤曰訟。《前漢書·王莽傳》：吏民上書冤訟莽者，以百數。

又，責也。《論語》：吾未見能見其過，而內自訟者也。《註》：訟，猶責也。

又，公也。《史記·呂后紀》：未敢

訟言誅之。《註》：訟，公也，猶明言也。《韻會小補》：通作＂誦＂。《前漢書·呂后紀》鄧展《註》：誦言，公言也。《正字通》：訟，亦音工，與＂公＂通。

又《韻會》：通作：公頌。《說文》：謣訟也。徐鉉曰：古本《毛詩》＂雅頌＂字多作：訟。

又 sōng《廣韻》、《集韻》、《韻會》蘇祥容切，音：頌，平聲，ㄙㄨㄥ。亦爭獄也。《詩·召南》：何以速我訟。《詩經今注》：速，招致。訟，訴訟。叶上＂墉＂下＂從＂。毛氏曰：《易》註：訟，爭也。言之于公也。从言从公，蓋會意也。且諧公聲，是以《詩》協＂從＂韻。《易》獨音去聲，未爲允當，合依《詩》音。二韻通用。

又 yóng《集韻》餘封切，音容曰ㄨㄥˊ。諍也。《書·堯典》：囂訟可乎？

馬融本作"庸"。

又，客也。《史記‧吳王濞傳》：佗郡國吏欲來捕亡者，訟共禁弗予。《註》訟音容，言其相客禁止不與也。

又 gōng 叶古東切，音：公，ㄍㄨㄥ。潘岳《關中詩》：既徵爾辭，復蔽爾訟。當乃明實，否則證空。

又 zàng 叶徂郎切，音：藏，ㄗㄤˋ。魏武帝《對酒典》：宰相股肱皆忠良，咸禮讓民無所爭訟。

品：口部九畫

音：pǐn《唐韻》丕飲切，《集韻》、《韻會》丕錦切，太音：匹上聲，ㄆㄧㄣˇ

義：《說文》：品，衆庶也，從三口。段注：人三爲衆，故從三口，會意。

《廣韻》：類也。《易‧乾卦》：品物流形。《疏》：品類之物，流布成形。

又《書‧舜典》：五品不遜。《疏》：品爲品秩，一家之內，尊卑之差，即父母兄弟子是也。

又《增韻》：物件曰品。《書·禹貢》：厥貢惟金三品。《疏》：鄭元以為金三品者，銅三色也。《易·巽卦》：田獲三品。《註》：一曰乾豆，二曰賓客，三曰充君之庖。《禮·禮器》：薦不美多品。又《少儀》：問品味，曰：子亟食于某乎？《疏》：品味者，殽饌也。《周禮·天官·膳夫》：品·嘗食。《註》：品者，每物皆嘗之，道尊者也。

又《韻會》：品格也。《禮·檀弓》：品節斯斯之謂禮。《疏》：品·階格也。節·制斷也。今注：品行，…

又《玉篇》：齊也。《周語》：品其百籩。《超群國語辭典》：籩，古代榮祀宴客時，用來盛果實、肉乾的竹器，如：籩豆。

又，同也。《前漢書·李尋傳》：百里為品。《註》：孟康曰：品，同也

，言百里內數度詞也。今注：如品流

又《五篇》：官品。《周語》：外官不過九品。《註》：九卿也。

又《廣韻》：式也，法也。

又《廣韻》：二口則生訟，三口乃能品量。今注：品題、品評、品第，……

又，官名。《正字通》：唐宦官，曰品官。今注：宦官，俗稱：太監。

又《廣韻》：姓也，出《何氏姓苑》。《正字通》：明有品嵒。

《姓氏考略》：博古圖周有品伯之彝，品姓本此。

又，地名。《左傳·文十六年》：楚子乘駟，會師于臨品。

又《前漢書·西域傳》：戎盧國王治卑品城。

㠱：口部九畫

音：ling《廣韻》郎丁切，音靈，ㄌㄧㄥˊ

義：《廣韻》：眾鳥也，從三口。

又《類篇》：眾聲也。

哥：口部十畫，《廣韻》：古文"歌"字。

音：gē《唐韻》古俄切，《集韻》、《韻會》、《正韻》居何切，太音：舸，ㄍㄜ

義：哥，《說文》：聲也。从二可，古文以為謌字。《廣韻》：古"歌"字。

篇名，《前漢書·藝文志》：哥永言。《唐書·劉禹錫傳》：屈原作《九哥》。今注：哥，歌也。

稱呼，《廣韻》：今呼為兄。《韻會》，潁川語，小曰哥，今人以配姐字，為兄弟之稱。例如：

對兄長，稱呼：哥哥、大哥，--------

於同輩兄弟，對年長者尊稱：老哥，老兄、老大哥，---------

姓氏，哥舒，複姓。《舊唐書》：突騎施有"哥舒"部，番人多以部落稱姓，因以為氏。

哥氏，《宋文憲集》：為"哥舒"氏所改。又於勃尼國，有"哥"姓。

《廣韻》：古文"歌"字。《說文》：歌，詠也，从欠哥聲。徐曰：長引其聲以詠也。《釋名》：人聲曰歌。歌者，柯也。以聲吟詠，上下如草木，有柯叶也。揚子《方言》：兗冀言歌聲如柯。《書·舜典》：詩言志，歌永言。《正義》：直言不足以申意，故令歌詠其詩之義，以長其言。《禮·樂記》：詩言其志也，歌詠其聲也。《詩·小雅》：君子作歌。又，歌之為言也，長言之也。言之不足，故長言之。

又，曲合樂也。《詩·魏風》：我歌且謠。《詩經今注》：歌、謠，唱有曲調為歌，唱無曲調為謠。《傳》：曲合樂曰歌，徒歌曰謠。《疏》：《正義》曰：謠既徒歌，則歌不徒矣，故曰曲合樂曰歌。歌謠對文如此，散則歌為總名，未必合樂也。《韓詩章句》：有章曲曰歌，無曰謠。

又《古樂府註》：齊歌曰謳、吳歌曰歈、楚歌曰豔、奏樂曰登歌、曰升歌。

又，鐘名。《左傳‧襄十一年》：鄭人賄晉侯歌鐘二肆，晉侯以樂之半賜魏絳。

又，山名。《廣輿記》：歌山，在廣西平樂府富川縣。

又"朝歌"，地名。《前漢書‧地理志》：朝歌，紂所都也。漢為縣、屬河內郡。

又guò，叶古賀切，音：過、《ㄨㄛˋ。左貴嬪《晉元后誄》：內敷陰教，外㫖陽化。綢繆庶政、夙夜夙夜。恩從風翔、澤隨雨播。中外禔福、遐邇謠歌。詵見顏氏《刊謬正俗》。

又jī，叶居之切，音：姬，ㄐㄧ。屈原《遠遊》：張樂咸池奏承雲兮，二女御九部歌。使湘靈鼓瑟兮，令海若舞馮夷。

又jū，叶斤於切，音：居，ㄐㄩ。

柳宗元《饒娥碑辭》：鄙民哀號，或以頌歌。齊民色憂，傷槐罷誅。

按：哥，《廣韻》：古文 "歌" 字。《說文》：或作 "謌"。《集韻》：或作 "謌"。

号：口部十畫，與 "号" 同，並同 "號"。

音：háo《唐韻》、《正韻》胡刀切，《集韻》乎刀切，达音：豪，ㄏㄠˊ

義：《龍龕手鑑》：号，同 "号"。

《廣韻》、《集韻》、《正韻》号，达同 "號"。

大呼也。《詩·大雅》：式號式呼。

又《小雅》：載號載呶。《詩經今注》：式，乃也。此句指醉後狂呼亂叫。又，呶，音：撓，喧嘩。《傳》：號呶，號呼，讙呶也。

又，哭也。《易·同人》：先號咷而後笑。《周語》：夫婦哀其夜號也，而取之以逃于褒。

又，雞鳴也。《晉書·律歷志》：雞

始三號。

又hào《廣韻》胡到切，音号，ㄏㄠˋ。名號也。《公羊傳》疏：春秋、貴賤不嫌同號。《註》：通同"號"，稱也。《白虎通》：《春秋傳》曰：王者受命而王，必擇天下之美號，以為號也。《周禮·春官·大祝》：掌辨六號。《註》：號，謂尊其名，更為美稱。又《夏官·大司馬》：家以號名。《註》：鄉遂之屬，謂之名。家之屬、謂之號。

又，號令也。《易·渙卦》：渙汗其大號。

又，號召也。《齊語》：使周游四方，以號召天下之賢士。

又，叶胡溝切。皮日休《悼賣文》：臨汨羅之漾漾兮，想懷沙之幽憂。森楔羅以蓊鬱兮，時逰狖以相號。今注：狖，獸名，是黑的長尾獲，同猿。

按：號，《集韻》：本作"号"，又作"

唬"。

毛氏曰：从口，从丂，丂音考，丂ㄠˋ。俗从号，非。又作：號，妶俗字。

呫：口部十畫

　　音：jīng《字彙補》居陵切，音：兢，ㄐㄧㄥ

　　義：未詳

喆：口部十二畫，《玉篇》：同"哲"。

　　音：zhé，讀：蜇，ㄓㄜˊ。

　　義：《玉篇》：同"哲"。《前漢書‧敘傳》：聖喆之治。《後漢書‧皇后紀》：詳求淑喆。

　　《說文長箋》：喆，明也。故明日為喆朝，俗誤作：詰。《正字通》：此說迂泥。

　　窠：參見"嚞"字‧詮釋。

品：口部十二畫，古文"雷"字。

　　音：jí《唐韻》阻立切，《集韻》側立切，妶音：戢，ㄐㄧ。

　　又，訖立切，音：伋，ㄐㄧˊ

義：《說文》：品，象口也。从四口，讀
著「戢」。

又 qì《集韻》測入切，音：屬，ㄑㄧˋ
。又 bì，北及切，音：鵖，ㄅㄧˋ，義
太同。

又 léi《字彙補》：古文「雷」字，見
《七修類稿》。

《唐韻》魯回切，《集韻》、《韻會
》、《正韻》盧回切，太音礨，ㄌㄟˊ
。《說文》本作：靁，陰陽薄動，靁
雨生物者也。从雨、晶聲，象回轉形
。《易‧說卦》：震為雷。《禮‧月
令》：仲春雷乃發聲。

又《禮‧曲禮》：毋雷同。《註》：
雷之發聲，物無不同時應者，人之言
當各由己，不當然也。

又，司馬相如《大人賦》：左玄冥而
右黔雷。《註》：黔雷，黔嬴也，天
上造化神名。

又《周禮‧地官‧鼓人》：以雷鼓鼓

神祀。《註》：雷鼓，八面鼓也。

又《韻會》：雷門，會稽城門，有大鼓，聲聞百里。《前漢書‧王尊傳》：毋持布鼓過雷門。

又《南部新書》：胡琴，大曰大忽雷，小曰小忽雷。

又，山名。《書‧禹貢》：壺口雷首。《疏》：雷首，在河東蒲坂縣南。

又，澤名。《書‧禹貢》：雷夏既澤。《傳》：雷夏，澤名。

又，國名。《史記‧建元以來王子侯者年表》：漢侯國名，在東海。

又，外國名。《前漢書‧西域傳》：無雷國王治盧城。

又，州名。《韻會》：在廣西，其山為雷所震，水流為江，唐置雷州。

又，姓也。《前漢書‧淮南衡山王安傳》：郎中雷被。《姓苑》：黃帝臣有雷公。《辨證》：古諸侯國有方雷氏，後以國為氏。單姓雷，望出馮翊

〈治所在今陝西大荔〉、豫章〈治所
在今江西南昌〉。

又《後漢書》、《十六國春秋》：湣
山蠻、南安羌、並有"雷"氏。

又léi，音：纍，ㄌㄟ。《楚辭·九歌
》：駕龍輈兮乘雷，載雲旗兮委蛇。
《晉語》：青陽，方雷氏之甥也。《
註》：方雷，西陵氏之姓，黃帝取於
西陵氏之子曰纍祖，寶生青陽。"雷
"、"纍"同。按《晉語註》：雷有
纍音，非止叶音也。

又léi《集韻》魯水切，音：壘，ㄌㄟ
。推石下也。

又léi《集韻》盧對切，音：纇，ㄌㄟ
。本作"礧"，或作"壘"、"礌"
、"檑"。《埤蒼》：推石自高而下
也。《周禮·秋官·職金註》：槍雷
，椎椁之屬。《釋文》：劉音誄，沈
云：當爲礌，卽對反。《前漢書·鼂
錯傳》：具藺石《註》：如淳曰：藺

石，城上雷石。師古⟨四⟩：雷，來內反。

又《正字通》：擊鼓曰雷。《古樂府
》：官家出遊，雷大鼓。

噭：口部十三畫

音：jiào《五音篇海》居肖切，音：叫，
ㄐㄧㄠˋ

義：《五音篇海》：噭，喚也。

嘽：口部十四畫

音：chǎn《字彙補》楚簡切，音產，ㄔㄢˇ

義：《字彙補》：炙肉具也。

嚻：口部十五畫，古文"要"字。

音：yào《唐韻》於霄切，《集韻》、《韻
會》伊消切，太音：邀，ㄧㄠ

又 yào《廣韻》於笑切，讀去聲，ㄧㄠˋ

義：《字彙補》：古文"要"字。

《博雅》：約也。《論語》：久要不
忘平生之言。《註》：久要，舊約也
。《左傳·哀十四年》：使季路要我
，吾無盟矣。

又，求也。《孟子》：脩其天爵，以

要人爵。

又，襮也。《詩·魏風》：要之襋之，好人服之。今注：要，讀為腰，即縫裙子的腰。襋，音棘，底襟也，即縫裙子的底襟。好人，美人也，指女主人或她的女兒。

又，會也。《禮·樂記》：要其節奏。《註》：要，猶會也。《釋文》：要，一遙反。

又《廣韻》：勒也。

又，劫也。《前漢書·文帝紀》：上自欲征匈奴，群臣諫不聽，皇太后固要，上乃止。

又，劾也，察也。《周禮·秋官·鄉士》：異其死刑之罪，而要之。《疏》：要，劾實也。《書·康誥》：要囚。《傳》：要察囚情，得其辭以斷獄。

又，衛圻之外，謂之要服。《書·禹貢》：五百里要服。

又，姓。《通志·氏族略》：吳人要
離之後，漢有河南令要兢，唐建中朔
方大將要珍。

又，水名。《水經注》：灊水，又東
南流與〞要水〞合。

又〞青要〞，山名。《山海經》：青
要之山，寔惟帝之密都。

又〞高要〞，縣名。《一統志》：
屬廣州府。今名：高要市（縣級市）
，隸廣東省肇慶市。

又，與〞腰〞通。《說文》：身中也
，象人要自臼之形。今作〞腰〞。

又 yào《廣韻》於笑切，讀去聲，一ㄠˋ
《篇海》：凡要也。要，會也。《孝
經》：先王有至德要道。《晉書·宣
帝紀》：軍事大要有五。

又《論語》〞久要〞亦讀去聲。王安
石《老人行》：古來人事已如此，今
日何須論久要。叶入請韻。

又 yǎo《集韻》伊鳥切，音：杳，一ㄠˇ

。與"騕"同。騕褭，良馬名。或作
"要"。

又yǎo。以紹切，音：眺，一幺。與"
傻"同。"傻紹"或作"要紹"，舒
緩貌也。

𠺕：口部十六畫

音：jǐ《字彙補》居倚切，音：几，ㄐㄧˇ
義：《字彙補》：立不正也。

𠺕：口部十八畫，《玉篇》：古文"哲"字
音：zhé《唐韻》、《集韻》、《韻會》茲
陟列切，音：蜇，ㄓㄜˊ

義：《玉篇》：𠺕，古文"哲"字。同"
喆"。

《爾雅·釋言》：哲，智也。《書·
舜典》：濬哲文明。《說命》：知之
曰明哲。《洪範》：明作哲。揚子《
方言》：哲，知也。齊宋之間謂之哲。
《前漢書·于定國傳》：贊哀鰥哲獄
。《註》：師古曰：知獄情也。

又zhì《正字通》：叶音：質，ㄓ

陸機《陸抗誄》：人玩其華，鮮識其
實。於穆我公，因心則哲。

又zhì《唐韻正》：叶音：制，坒
曹植《黃帝贊》：少異之孫，神明聖
哲。土德承火，赤帝是滅。服牛乘馬
，衣裳是制。氏雲名官，功冠五列。
滅，亡例反。列，音：例。

傅玄《祀景帝登歌》：執競景皇，克
明克哲。旁作穆穆，惟祇惟畏。

按：《說文》：或作"悊"。《廣韻》：
與"喆"同。

嚚：口部二十畫，《字彙補》：古文噐字。
音：qì《唐韻》、《集韻》、《韻會》、
　《正韻》太太去冀切，敔去聲，く一
義：《字彙補》：古文"器"字。《玉篇
　》：噐，俗"器"字。
　《說文》：象器之口，犬所以守之。
　《廣韻》：噐四。《易·繫辭》：形
　乃謂之噐。《註》：成形曰噐。《書
　·舜》：如五噐。《註》：噐謂圭璧。

又《禮・王制》：瘖、聾、跛躃、斷者、侏儒、百工，各以其器食之。《註》：器，能也。《論語》：及其使人也，器之。《疏》：度人才器而官之。

又《論語》：管仲之器小哉！《註》：言其度量小也。

又，姓。見《姓苑》。

器氏・《姓氏考略》：鐘鼎款識，商有器市尊。薛尚功曰：器，姓也。市，名也。望出河南（治所雒陽，在今河南洛陽市東北）。

又qǐ，叶欺迄切，音：乞，ㄑㄧˇ。

曹植《黃帝三鼎贊》：鼎質文精，古之神器。黃帝是鑄，以像太乙。

按：器，《集韻》：或作"噐"。《類篇》：器，或作"噐"。《玉篇》：俗作"器"。《正字通》：器始於工，工制之，而後人用之，故从工。

口部：wéi，音：ㄨㄟˊ

回：口部六畫，《說文》：古文"回"字。

音：huí《唐韻》戶恢切、《集韻》、《韻會》、《正韻》胡隈切，太音：洄，ㄏㄨㄟˊ

義：《說文》：回，轉也。从口，中象回轉之形。徐鍇曰：渾天之氣，天地相承。天地之外，陰陽五行，回轉其中也。

又《說文》：邪也，曲也。《詩·小雅》：淑人君子，其德不回。《詩經今注》：回，邪也。《禮·禮器》：禮飾回，增美質，措則正，施則行。

又《正韻》：返也。《後漢書·蔡邕傳》：回途要至，俯仰取容。

又《廣韻》：違也。《詩·大雅》：求福不回。《詩經今注》：回，邪僻。是言君子以正道求福。又：徐方不回。《註》：回，猶違也，言不違命也。

又《詩·大雅》：昭回于天。《詩經

今注》：昭，明也。回，轉也。《註
》：昭明回旋也。

又，屈也。《後漢書・盧植傳》：可
加救恕申宥回枉。又：抗議不回。

又，徘回。《說文》："徘徊"本作
"裵回"，寬衣也。取其裵回之狀。
張衡《思玄賦》：馬倚輈而徘回。《
註》：言踟躕不進也。

又"低回"，紆衍貌。《史記・孔子
世家贊》：適魯，觀仲尼車服禮器，
余低回留之不能去。《前漢書・揚雄
傳》：大道低回。

又，姓。《韻會》：古賢者方回之後
，《正字通》：明宣德中御史回續。
《姓氏辯證》：出自妘姓，祝融孫吳
回之後。《姓源》：出古賢者方回之
後。望出臨安，即今浙江杭州。

又，地名。《後漢書・郡國志》：右
扶風有回城，名曰"回中"。

又，通作"迴"。《荀子・儒效篇》

：圖迴天下於掌上。

又，通作"迴"。《史記‧鄒陽傳》：墨子迴車。今注：迴，同"迴"。

又《正字通》：回回，國名，西域大食國種也。明丘濬曰：國在玉門關外萬里，陳隋間入中國，金元以後，蔓延滋甚所至輒相親守，其所謂教門者尤篤，今在在有之。

又 hui《集韻》、《韻會》茲戶賄切，音：悔，ㄏㄨㄟ。繞也。《左傳‧襄十八年》：右回梅山。徐邈讀上聲。

又 hui《集韻》、《韻會》茲胡對切，音：續，ㄏㄨㄟ。《前漢書‧趙充國傳》：回遠千里。《註》：回，謂路近回也，音：胡悔反。

又，畏避也。《前漢書‧王溫舒傳》：即有避回。《註》：謂不盡意，捕擊盜賊。

又《蓋寬饒傳》：刺舉無所回避。《註》：回，茲讀若諱。

案：囘之異體字，《說文》：囘，回本字
。又《正字通》：囘，俗"回"字。
又《鄭本監韻》：回作"囘"非，囘
乃古"面"字也。

𣤶：口部七畫，《正字通》：與"壼"同，
別作"閫"、"梱"。

音：kǔn《唐韻》、《集韻》𠀤苦本切，音
：閫，ㄎㄨㄣˇ

義：《說文》：壼，宮中道。从口，象宮
垣道上之形。

《爾雅·釋宮》：宮中閧謂之壼。或
作"壼"。今注：閧，亦作"衖"。
又qūn《唐韻》去倫切，《集韻》區倫
切，𠀤音：囷，ㄐㄩㄣ。義同。

𡂫：口部十三畫，古文"零"字。

音：líng《唐韻》、《集韻》、《韻會》
𠀤郎丁切，音：靈，ㄌㄧㄥˊ

義：《五音集韻》：古文"零"字。
《說文》：餘雨也。从雨、令聲。
又《玉篇》：徐雨也。

又《廣韻》：落也。《詩・鄘風》：
靈雨既零。《詩經今注》：靈雨，好
雨。零，落也。《傳》：零，落也。
又《字彙》：畸零，凡數之零餘也。
又《後漢書・高句驪傳》：好祠鬼神
社稷零星。《註》：引《風俗通》曰
：辰之神為零星。

又，水名。《前漢書・匈奴傳》：零
吾水上。

又《前漢書・司馬相如傳》：通零關
道。《註》：徐廣曰：越巂有零關縣
。《標準學生字典》：越巂，縣名，
屬四川省。又《前漢書・地理志》：
武陵郡零陽，零陵郡零陵。又《韻會
》：丁零，亦地名。通作＂靈令＂。
又，姓。《正字通》：明成化舉人零
混。《姓氏考略》：零（音：憐），
西羌姓。《後漢書・西羌傳》：有零
昌，滇零之子，蓋以父名為姓。
又，與＂苓＂通。《莊子・徐無鬼》

：泵零也。《註》：《進學解》所謂稀苓也。

又lián《廣韻》落賢切，《集韻》、《韻會》、《正韻》靈年切，茲音：蓮、ㄌㄧㄢˊ。《廣韻》：先零，西羌也。《前漢書·趙充國傳》：先零豪言，顧時渡湟水北。《註》：零，音：憐，ㄌㄧㄢˊ。

又líng《廣韻》、《集韻》茲郎定切，音：令、ㄌㄧㄥˊ。

《廣韻》：零落。《集韻》：或作"零"，亦作"霝"。

囻：口部十五畫
　音：yù《五音篇海》音：玉、ㄩ
　義：未詳

嚞：口部十八畫
　音：yín《金鏡》音：肉、ㄧㄣˊ

　義：未詳

囂：口部二十畫
　音：léi《龍龕手鑑》音：雷、ㄌㄟˊ

義：未詳

闠：口部二十一畫，籀文"囿"字。

音：You《唐韻》于救切，《集韻》、《韻
會》尤救切，《正韻》爰救切，並音
：右，一ㄡ

義：《廣韻》：籀文"囿"字，从田、中
四木，象形也。

《說文》：囿，苑有垣也。从口、有
聲。一曰：禽獸有囿。《詩·大雅》
：王在靈囿。《詩經今注》：靈囿，
囿名，古代帝王畜養鳥獸的園林稱囿
。《疏》：囿者，築墻為界域，而禽
獸在其中也。《周禮·地官·囿人》
：掌囿游之獸禁。《註》：古謂之囿
，漢謂之苑。《孟子》：文王之囿。
《註》：古者四時之田，皆於農隙以
講武事。不欲馳騖於稼穡場圃之中，
故度閒曠之地以為囿也。《初學記》
：囿猶有也。有藩曰園，有墻曰囿。
又，九囿。《通鑑外紀》：人皇氏，

依山川土地之勢，財度為九州，謂之九圍。

又，司馬相如《封禪文》：邇葉乎文雅之囿，翱翔乎禮樂之場。

又，左思《魏都賦》：聊為吾子復玩德音，以釋二客競於辯囿也。

又，識不通廣曰囿，猶拘墟也。《尸子·廣擇篇》：列子貴虛，揚子貴別，囿其學之相非也，皆弇於私也。

又yòu《集韻》于九切，音：有，一ㄡˇ。義同。

又yù《唐韻》于六切，音：宥，ㄩˋ。《詩·大雅》：王在靈囿，麀鹿攸伏。《詩經今注》：麀（音：幽，一ㄡ），母鹿。攸，猶是也。伏，臥也。

又，劉向《九歎》：菀芎棄於澤洲兮，爬蟲蓂於筐簏。麒麟奔於九皋兮，熊羆群而逸囿。

又wèi，叶于愧切，音：位，ㄨㄟˋ。張衡《東京賦》：悉率百禽，鳩諸靈圃。獸之所同，是謂吉備。

又 wéi，叶于詭切，音：委、ㄨㄟˇ。

司馬相如《騶虞頌》：般般之獸，樂
我君圃。黑質白章，其儀可喜。

土部：tǔ，音：ㄊㄨˇ

圭：土部六畫，古文〞珪〞字。

音：guī《唐韻》古攜切，《集韻》、《韻
　會》涓畦切，茲音：閨、ㄍㄨㄟ

義：《玉篇》：珪，古文〞圭〞字。

《說文》：圭，瑞玉也。上圓下方，
以封諸侯，故從重圭。《書·禹貢》
：禹錫玄圭。《詩·大雅》：錫爾介
圭。《詩經今注》：介，大也。圭，
古代玉製禮器。《周禮·春官·典瑞
》：王執鎮圭，公執桓圭，侯執信圭
，伯執躬圭。

又《周禮·春官》：土圭以致四時日
月，封國則以土地。《註》：土，猶
度也。土圭，測日景之圭。

又，量名。《前漢書·律歷志》：量

多少者，不失圭撮。《註》：六十四
黍為圭，四圭曰撮。

《標準學生字典》、《國語日報字典
》：圭，量器名，升的十萬分之一。
撮，量名，勺的十分之一，一千撮為
一升。

又《後漢書·輿服志》：凡合單紡為
一系，四系為一扶，五扶為一首，五
首為一文，文采淳為一圭。

又《本草綱目序例》：丸散之刀圭，
准如梧桐子大，十分方寸匕之一，方
寸匕者作匕正方一寸，抄散不落為度。

又，與〝閨〞同。《禮·儒行》：蓽
門圭窬。今注：窬，門邊的小窟窿。
穿窬，俗稱〝竊賊〞，亦稱：小偷。

垚：土部九畫，同〝堯〞。

音：Yáo《廣韻》五聊切，《集韻》、《韻
會》倪幺切，太同〝堯〞，一ㄠ'

義：《廣韻》、《集韻》、《韻會》太同
〝堯〞，从三土積纍而上，象高形。

《說文》：垚，土高貌。从三土，會意。凡垚之屬，皆从垚。

案：參＂垚＂（堯）字，詮釋。

垚：土部十畫，《玉篇》：古文＂堯＂字。

音：Yáo《廣韻》五聊切，《集韻》倪幺切，玆音：僥，一幺

義：《玉篇》：古文＂堯＂字。

《說文》：堯，高也。从垚在兀上，高遠也。《白虎通》：堯，猶嶢也。嶢嶢，至高貌。古唐帝，《書·堯典》：曰若稽古帝堯。

又，姓。魏，堯暄，上黨人，以武功著。《姓氏考略》：《辯證》帝堯之後，以諡為氏。望出上黨，治所壺關，在今山西長治市北。

又《諡法》：翼善傳聖，善行德善，皆曰堯。

又，人名。《前漢書·高帝紀》：帝擢趙堯為御史大夫，曰：無以易堯。《宋史》：陳堯叟、堯咨、堯佐，兄

弟皆有聲，世謂陳氏三堯。

山名，《山海經》：美山東北百里曰
大堯山。今直隸真定唐山縣，亦名：
堯山，以堯始封得名。

按：垚，亦作"垚"，或作"尭"，本作
"垚"，小篆加兀作"堯"，兀會高
意。一四：從三土，積纍而上，象"
高"形。

壼：土部十二畫
音：kuí《龍龕手鑑》渠追切，音：逵，
ㄎㄨㄟ

義：《龍龕手鑑》：土也。

壘：土部十五畫，《篇韻》：同"塊"
音：kuài《唐韻》苦對切，《集韻》苦怪
切，《韻會》苦潰切，《正韻》苦夬
切，太音：蒯，ㄎㄨㄞ

又《類篇》苦會切，音：檜，ㄎㄨㄞ
。義同。

義：《篇韻》：壘，同"塊"。

《爾雅·釋文》：塊，俗"凷"字。

《說文》：墣也。《博物志》：徐州人謂塵土為蓬塊。《左傳·僖二十三年》：晉公子重耳出亡，過衛，衛不為禮，出于五鹿，乞食於野人，野人與之塊。又《儀禮·喪服》：凡喪居倚廬，寢苫枕塊。

又，造物之名曰〞大塊〞。《莊子·大宗師》：大塊載我以形，勞我以生。郭璞《江賦》，煥大塊之流形。

又〞壘塊〞，胸中不平也。《世說》：晉阮籍胸中壘塊，故須酒澆之。

又〞銜塊〞，請罪也。《唐書·玄宗紀》：天寶末，安祿山反，帝欲禪位太子，楊貴妃銜塊請死，帝意沮，乃止。

又，予也。一曰楚人謂我曰塊。《楚辭·九辯》：塊獨守此無澤兮，仰浮雲而永歎。陸機《文賦》：塊孤立而特峙，非常音之所緯。

又，與〞蕢〞通。亦與〞凷〞同。

《說文》：凷，墣也，从土凵。

《集韻》：土也。《前漢書·律歷志》：野人舉凷而與之。蔡邕《釋誨》：九河盈溢，非一凷所能防。《韻會》：今作"塊"。《莊子·齊物論》：夫塊噫氣。

又，作"蕢"。《禮·禮運》：蕢桴而土鼓。《註》：蕢，讀為"凷"，墣也。

又《集韻》：或作"墤"。《康熙字典》（同文書局本）：墤，同"塊"。《說文》：塊，俗"凷"字。

垚垚：土部二十四畫

音：qiáo《集韻》丘召切，音嶠，ㄑㄧㄠˋ

義：《集韻》：高也。

士部：shì，音：ㄕˋ

垚：士部九畫·《字彙補》：同"壯"，見《藏經字義》。

音：zhuàng《廣韻》、《集韻》、《韻會》側亮切，《正韻》側況切，夶音：

莊，去聲，ㄓㄨㄤ

《說文》：壯，大也。又彊也，盛也。《爾雅·釋天》：八月為壯。《易》卦名：震上乾下大壯。《禮·曲禮》：三十曰壯。《月令》：仲冬之月冰始壯。

又《史記·趙后傳》：額上有壯髮。師古曰：俗呼主頭是也。

又《前漢書·食貨志》：貝有五種，一曰壯貝。

又，傷也。郭璞曰：淮南呼壯為傷。

又，醫用艾灸，一灼謂之壯。

又 Zhuāng，側羊切，音：莊，ㄓㄨㄤ。齊姓，《晉語》：趙簡子問賢人，得壯馳茲。

又，伏滔《望濤賦》：宏濤於是鬱起，重流於是電驤，起沙潯而迅邁，觸橫門而克壯。

按：壯，俗从土作 "坴"，省作 "壮"，太非。

憙：士部十二畫，《字彙補》：與"喜"同
，見《孫叔敖碑》。

音：xǐ《唐韻》虛里切，《集韻》、《韻
會》許已切，《正韻》許里切，太音
：蟢，ㄒㄧˇ

義：《字彙補》：與"喜"同，見《孫叔
敖碑》。

《爾雅·釋詁》：喜，樂也。《玉篇
》：悅也。《書·益稷》：股肱喜哉
！《易·否卦》：先否後喜。

又"聞喜"縣名，山西絳州直隸州屬
縣。

又，姓。《正字通》：元順帝時喜同
，明正統中喜寧。

喜氏，《姓氏考略》：《國語》桀伐
有施氏，有施氏以妹喜女焉。《韋昭
注》有施，喜姓國。《路史》燕後有
"喜"氏。

又 xǐ《集韻》虛其切，音：僖，ㄒㄧ
末喜，有施氏，女名。《晉語》：夏

桀伐有施氏，有施人以妹喜女焉！
又《楚辭·天問》：簡狄在臺嚳何宜，玄鳥致貽女何喜。《註》：喜，叶音：羲，ㄒ一。

又 xi 《集韻》許記切。與「憙」同，好也。《詩·小雅》：彤弓弨兮，受言載之。我有嘉賓，中心喜之。《註》：載，叶子利反。喜，讀去聲。《前漢書·廣陵王傳》：何用為樂心所喜，出入無憹為樂亟。《註》：韋昭曰：喜，許吏反。亟，丘吏反。

又 chi 《集韻》、《類篇》太昌志切，音：熾，千。與「饎」同。《說文》：饎，酒食也，從食喜聲。或從巸，轉作「餼」。

案：喜，今有名詞、動詞、形容詞之義。
名詞：指婦人有孕，如：有喜。
　　　　吉祥之事，如：喜事、大喜。
動詞：喜嗜、愛好，如：喜愛讀書、喜歡、喜新厭舊。

形容詞：喜樂、喜悅，如：喜極而泣
、喜出望外，喜從天降。

囍：口部二十四畫，與 "喜" 同。

　音：xǐ，讀：禧，去聲，ㄒㄧˋ

　義：囍，從二喜，以會意。喜悅也。

　　俗稱："雙喜"，意謂：雙喜臨門、
　　喜事重重，喜氣洋洋貌。

　　民俗剪紙藝術，"囍"（雙喜）之作
　　品，校不勝舉，屢見不鮮。尤於婚嫁
　　喜慶，顯示成雙成對的喜事。

　　《超群國語辭典》"囍"，名詞，成
　　雙成對的喜事，專用在婚禮。

　　案：參 "喜"（喜）字，詮釋。

夊部：sui，音：ㄙㄨㄟ

　夓：夊部三十畫

　　音：xia《海篇》音：夏，ㄒㄧㄚˋ

　　義：未詳

夕部：xi，音：ㄒㄧ

　　《新華字典》作：xi，音：ㄒㄧ

　多：夕部六畫，古文作 "夗"，亦作 "罗"

音：duō《廣韻》、《正韻》得何切，《集韻》、《韻會》當何切，茲音：朵，平聲，ㄉㄨㄛ

義：《爾雅·釋詁》：眾也。《詩·小雅》：謀夫孔多。《增韻》：不少也。《易·謙卦·象傳》：君子以裒多益寡。《禮·表記》：取數多者仁也。又，勝也。《禮·檀弓》：曾子曰：多矣乎！予出祖者。《註》：曾子聞子游，喪事有進無退之言，以為勝于己之所說出祖也。《史記·高帝紀》：臣之業所就孰與仲多？

又，刻求也。《左傳·僖七年》：後之人將求多于汝，汝必不免。

又，稱美也。《前漢書·袁盎傳》：諸公聞之皆多盎。《後漢書·馮異傳》：諸將皆言願屬大樹將軍，帝以此多之。

又，戰功曰多。見《周禮·夏官·司勳》。

又，荒俗呼父為阿多。《唐書·德宗紀》：正元六年，回紇可汗謝其次相曰：惟仰食于阿多。

又，姓。漢•多軍、多卯，宋多岳。

多氏，《姓氏考略》：商有多父鼎，多姓始此。一云：漢多軍之後，望出丹陽（治所宛陵，即今安徽宣城）。雲南夷亦有〝多〞姓，像剝氏改。

又《寰宇記》：唐•氐立郡，六姓：一曰〝多〞氏。又，複姓：

多利思氏，《隋書》：倭國王之姓為多利思氏。

多蘭氏，《廣韻》：代北多蘭部大人，因以為姓。

多蘭葛氏，《唐書》：回紇九姓，一曰：多覽葛，亦作：多濫葛，又作：多臘葛。在薛延陀東北，頻間羅水，以部族為氏。

又，梵語〝吃栗多〞，華言賤人。〝底栗多〞，華言畜生。

又，樹名。"貝多樹"，出摩伽陀國，長六七丈，冬不凋。見《酉陽雜俎》。又《西域記》：南印建那補羅國，北有多羅樹，株三十餘里，其葉長廣，其色光潤，諸國書寫采用之。

又dāo，叶都牢切，音：刀、ㄉㄠ。蘇轍《巫山廟詩》：歸來無恙無以報，山下麥熟可作醪。神君尊貴豈待我，再拜長跪神所多。又《詩·魯頌》：享以騂犧，是饗是宜，降福既多。《詩經今注》：騂（音：辛），赤色。犧，祭神的牲稱犧（是言用赤色犧牲祭祀后帝與后稷）。饗，以飲食獻神。宜，《爾雅·釋言》："宜，肴也。"引申以肉獻神亦為宜。

《正字通》"朱傳：犧，虛宜、虛何二反。宜，牛奇、牛多二反。多，章移、當何二反。《字彙》專叶音趨，不知《詩》有二反也。"朱子意，若從上虛宜切之犧，牛奇切之宜，則當何切之多，宜叶章移切，音費。若从下多字叶，則犧叶虛何切，音呵。宜叶牛多切，音哦。一在支韻止攝，一在歌韻果攝。《字彙》叶逡須切，音趨，錯入虞韻遇攝。《正字通》譏《字彙》不知二反，殊不知其錯入虞韻，并不知一反也。

《說文》：多，重也。从重夕，夕者相繹也，故為多。重夕為多，重日為疊。

多：夕部六畫，《玉篇》：古文"多"字。
　　案：音、義，參"多"字詮釋。

咠：夕部六畫，《集韻》：多，古作：咠。
　　案：音、義，參"多"字，詮釋。

誃：夕部十二畫，《海篇》：同"多"。
　　案：音、義，參"多"字，詮釋。

大部：dà，音：ㄉㄚˋ

扶：大部六畫，《集韻》：比，古作：扶。
　　案：音、義，參"比"字，詮釋。

夵：大部六畫，《篇海類編》：與"套"同

音：tào《廣韻》他皓切，《集韻》土皓切，坮音：滔，去聲，去ㄠˋ

又《集韻》叨號切，韜去聲，去ㄠˋ

義：《廣韻》、《集韻》：與"套"同，長大也。

又《集韻》：凡物重沓者為套。今之沓杯曰套杯。方語不受人籠絡者曰不落套。簡略時趨者曰脫套。

又，地曲。後唐與梁人戰于胡蘆套。

又《明一統志》，河套本內地。《東方國語辭典》：河套，地名，在綏遠省南境。

按：《字彙》誤分"套"、"奀"為二，《正字通》註訓八畫"奀"，今多從"套"，移于此。

坴：大部八畫

音：bàn《集韻》簿旱切，盤去聲，ㄅㄢˋ

義：《集韻》：坴，坮行也，"靽"字從此。《六書本義》：侶也。

森：大部九畫

音：tài《篇海類編》音：太、ㄊㄞˋ

義：未詳

燅：大部十二畫，《字彙補》：與"皎"同

音：jiǎo《唐韻》古了切，《集韻》、《韻會》、《正韻》吉了切，夶音：璬，ㄐㄧㄠˇ

義：《字彙補》：燅，與"皎"同。《說文》：皎，月之白也。《詩·陳風》：月出皎兮！《詩經今注》：皎，月光潔白。《傳》：月光也。

又，日光也。王褒《九懷》：晞白日今皎皎。

又《廣雅》：白也，明也。《詩·小雅》：皎皎白駒。《詩經今注》：皎皎，潔白。駒，馬大尺為駒，白駒為客人所乘。《傳》：潔白也。《楚辭·漁父》：安能以皎皎之白，蒙世俗之塵埃乎？《史記·屈原傳》：作"皓皓"。今注：皓，光明，潔白也。

又，姓。《五代史·南漢世家》：交

州牙將皎公羨。又《姓氏考略》皎，
南漢交州牙將〝皎公羨〞之後。

按：《玉篇》：通作〝皦〞、《集韻》：
或作〝皎〞。

    森：大部十二畫

    音：tiān《海篇》音：天、ㄊㄧㄢ

    義：未詳

    燊：大部十六畫，《篇海》：同〝結〞。

    音：jié《廣韻》、《正韻》古屑切，《集
    韻》、《韻會》吉屑切，𠀤音：拮、
    ㄐㄧㄝ

    義：《篇海》：燊，同〝結〞同。
    《說文》：結，締也。從系吉聲。《
    易・繫辭》：上古結繩而治。《詩・
    檜風》：我心蘊結兮。《詩經今注》
    ：蘊結，鬱結，心裏憂鬱似結個疙瘩
    。又《曹風》：心如結兮。《詩經今
    注》：心如結，比喻用心專一，未曾
    二三其德。《疏》：如物之裹結。《
    禮・曲禮》：德車結旌。《註》：結

，謂收斂之也。《疏》：結纏其疏，
著於竿也。《前漢書·五行志》：衣
有襘，帶有結。《註》：結，締結之
結也。

又《博雅》：曲也。

又《玉篇》：要也。

又 xì《集韻》胡計切，音：系，ㄒㄧˋ
《前漢書·張釋之傳》：跪而結之。
《註》：師古曰：結，讀曰〝係〞。

又 jí《集韻》激質切，音：吉，ㄐㄧˊ
。義同。

又 jì《集韻》吉詣切，音：計，ㄐㄧˋ
《前漢書·陸賈傳》：尉佗魋結箕踞
。《註》：師古曰：結，讀曰〝髻〞

文部：nǔ，音：ㄋㄩˇ

姣：文部六畫，《玉篇》：古文〝姣〞字。

音：jiǎo《廣韻》、《韻會》、《正韻》
古巧切，《集韻》吉巧切，夶音：狡
，ㄐㄧㄠˇ

義：《玉篇》：姣，古文〝姣〞字。

《廣韻》、《韻會》、《正韻》、《集韻》达音：狡。美也，媚也。《史記‧蘇秦傳》：前有樓閣軒轅，後有長姣美人。

又與"狡"通，《後漢書‧劉盆子傳》：卿所謂鐵中錚錚，傭中姣姣者也。一作"佼"。

又 xiáo《廣韻》胡茅切，《集韻》、《正韻》何交切，达音：肴，ㄒㄧㄠ。滛也。《左傳‧襄九年》：穆姜曰：棄位而姣，不可謂貞。一曰"如"字讀。

又 xiào《集韻》後教切，音：效，讀：ㄒㄧㄠ。義同。亦姓。

姓氏，《姓氏考略》：姣，即"佼"氏。《後漢書‧蓋延傳》：佼，周大夫原伯佼之後。

又，"佼"、"妖"通。

姅：文部六畫

　音：nuán《廣韻》奴還切，《集韻》尼還

切，音：南、ㄋㄢˊ

《說文》：奻、訟也，从二女。

又nàn，女患切，音：難、ㄋㄢ。誼訟也。

案：參口部＂吅＂（訟）字，詮釋。

姦：女部九畫，古文＂悬＂字。

音：jiān《廣韻》古顏切，《集韻》、《韻會》、《正韻》居顏切，太音：菅，ㄐㄧㄢ

義：《說文》：悬，古文＂姦＂，从旱心。大徐作：从心旱聲。

又《說文》：姦、厶也。一曰詐也，滛也。《書·舜典》：寇賊姦宄。《註》：劫人曰寇，殺人曰賊。在外曰姦，在內曰宄。《禮·樂記》：政以一其行，刑以防其姦。《管子·君臣篇》：止詐拘姦，厚國之道也。張衡《西京賦》：禁禦不若，以知神姦。魑魅魍魎，莫能逢旃。今注：罔、兩，本作＂魍＂、＂魎＂。

按：刪、天，韻本通。《字彙》叶音：堅
，非。又《正字通》：高麗用中國書
，獨以姦為"好"字，好為"姦"字
。又"奸"，同"姦"。今用"奸"
字。

子部：zǐ，音：ㄗˇ

孖：子部六畫

　音：zī《廣韻》子之切，《集韻》、《類
篇》津之切，並音：茲，ㄗ

　義：《玉篇》：雙生子也。
亦作"滋"，蕃長也。
又 zì《廣韻》、《集韻》並疾置切，
音：字，ㄗˋ。義同。

孨：子部九畫

　音：zhuǎn《廣韻》旨袞切，《集韻》主袞
切，並音：剸，ㄓㄨㄢˇ

　義：《說文》：孨，謹也。从三子。
《廣韻》：孤露可憐也。
又 chǎn《集韻》以轉切，聲近軟，一ㄢˇ
。《正字通》：據《史》、《漢》吾

王孱王也。韋昭曰：孱，仁謹貌。《方言》：冀州人謂懦弱曰孱。孨，當與"孱"通。

又《六書統》：孨與僝同義。朱謀曰：群兔聚奔爭先，因其弱而不前者，借為孱弱字。

又zhuàn《廣韻》莊眷切，《集韻》雛戀切，並音：饌、ㄓㄨㄢˋ。義同。

孨：子部九畫，亦作"孴"，或作"孴"。

音：nǐ《篇海類編》魚紀切，音擬，ㄋㄧˇ

義：《篇海類編》：盛也。

又jìn，即刃切，音：進、ㄐㄧㄣˋ。亦作"孴"。

《說文》：孴，籀文"孴"。一曰孴即奇字"孴"。

又《說文》：孴，盛貌。从孨从日，讀若疑，疑一曰若存。《五篇》：又眾多貌。

王延壽《魯靈光殿賦》：芝栭攢羅以戢孴。杜甫《朝享大清宮賦》：羅詭異以戡犀。

又 yì 入聲，《韻會》弋入切，音：翊
，一。義同。

按：犀之異體字，《集韻》：籀文作 "屖
"，或作 "𡰪"。

𡲢：子部十二畫，古 "犀" 字，與 "棲" 同

音：xī《唐韻》先稽切，《集韻》、《韻
會》、《正韻》先齊切，竝音：西，
ㄒㄧ

義：《字彙》：古 "犀" 字，與 "棲" 同
。引揚雄《蜀都賦》：并石石𡲢，岍
岑倚從。

《說文》：犀，徼外牛。一角在鼻，
一角在頂，似豕。从牛，尾聲。

《爾雅‧釋獸》：犀似豕。《註》：
犀似水牛，豬頭，大腹，庳腳。腳有
三蹄，黑色。三角：一在頂上，一在
額上，一在鼻上。鼻上者，即食角也
，小而不橢，好食棘。亦有一角者。

《疏》：《交州記》曰：犀出九德，

毛如豕，蹄甲，頭似馬。

《埤雅》：《異物志》犀東五種，肉
舌有棘，常食草木棘刺，不噉莖葉。
舊說犀之通天者惡影，常飲濁水，佳
霧厚露之夜不濡其裏，白星徹端。世
云：犀望星而入，角可以破水駭雞。
南人呼犀角為黑暗，言難識也。三角
者，水犀也。二角者，山犀也。在頂
者，謂之頂犀。在鼻者，謂之鼻犀。
犀，有四種。

《前漢書·平帝紀》：黃支國獻犀牛
。《山海經》：琴鼓之山，多白犀。
《註》：此與辟寒、蠲忿、辟塵、辟
暑諸犀，皆異種也。

又《山海經》：鏊山有獸，狀如牛，
食人，其名犀渠。

又《集韻》：兵器堅也。《前漢書·
馮奉世傳》：器不犀利。《註》：晉
灼曰：犀，堅也。

又《集韻》：一曰瓠中。《詩·衛風

》：齒如瓠犀。《詩經今注》：瓠〈音：戶〉犀，葫蘆的籽。因其潔白整齊，常以比喻女子牙齒。《傳》：瓠犀，瓠瓣也。《疏》：《正義》曰：《釋草》云"瓠棲"，瓣也。孫炎曰"棲"，瓠中瓣也。"棲"與"犀"，字異音同。

按：《廣韻》：瓠犀，《說文》：遟也。別作"屖"，从尸辛聲。《集韻》"犀"專訓遟，"屖"兼訓瓠中。又《玉篇》：棲、遟，或作：屖。《說文》：犀，从牛、尾聲，徼外獸。屖，从尸、辛聲，屖遟也。亦作"棲遟"。屖既同棲，自當从屖。舊註古"犀"字，疑即"屖"字之譌。

𡟫：子部十六畫，《字彙補》：同"鶉"。

音：chún《廣韻》常倫切，《集韻》、《韻會》、《正韻》殊倫切，达音：淳，ㄔㄨㄣˊ

義：《字彙補》：同"鶉"，見《釋典》。

《廣韻》：鶉鶉。《本草》：鶉大如雞雛，頭細而無尾，有斑點，雄者足高，雌者足卑。《淮南子‧時則訓》：田鼠化為鶉。又《畢萬術》：蝦蟆得瓜化為鶉。《交州記》：南海有黃魚，九月則化為鶉。陸佃云：鶉無常居，而有常匹，故尸子曰：堯鶉居。《詩》曰：鶉之奔奔。言鶉能不亂其匹，衛人以為宣姜，鶉之不如也。

又俗言，此鳥性淳，飛必附草，行不越草，遇草橫前，即旋行避之，故曰鶉。《正字通》：鶉尾特禿，若衣之短結，故凡敝衣曰"衣若縣鶉"。

又《山海經》：崑崙之丘有鳥，名鶉鳥。是司帝之百服。

又，星名。《埤雅》：南方朱鳥，七宿曰：鶉首、鶉火、鶉尾。

又，縣名。《前漢書‧地理志》：安定郡，鶉陰縣。《後漢書‧郡國志》：安定郡，有"鶉觚"。

又與"醇"同，揚子《寡學篇》：春木之芚兮，援我手之鶉兮。言孔子教人，有以手援而醇和也。

又 chún《集韻》船倫切，音：唇，ㄔㄨㄣˊ。義同。

又 dūn《集韻》、《正韻》太都昆切，音：敦，ㄉㄨㄣ。《莊子‧天地篇》：聖人鶉居而鷇食。

又 tuán《集韻》、《正韻》徒官切，《韻會》徒丸切，太音：團，ㄊㄨㄢˊ。《詩‧小雅》：匪鶉匪鳶，翰飛戾天。《詩經今注》：匪，彼也。鶉（音：團），鵰也。翰飛，高飛。戾，至也。《註》：鶉，徒丸反。

孨 子部十八畫
　音：jí《餘文》音：笈，ㄐㄧˊ
　義：未詳

宀部：mián，音：ㄇㄧㄢˊ
　窔：宀部十四畫，《玉篇》：古文"空"字。《集韻》：窔，"宜"本字。

音：Yi《唐韻》、《集韻》魚羈切，《韻
會》疑羈切，夶音：儀，一′

義：《說文》：宐，所安也。《增韻》：
適理也。《易·泰卦》：後以財成天
地之道，輔相天地之宐。《禮·王制
》：齊其政不易其宐。又《左傳·成
二年》：先王疆理天下物土之宐。《
註》：職方氏所謂青州宐稻粱，雍州
宐黍稷之類是也。

又《詩·周南》：宐其室家。《詩經
今注》：宐，適當。《傳》：宐者，
和順之意。

又《爾雅·釋詁》：宐，事也。《詩
·大雅》：公尸來燕來宐。《詩經今
注》：公尸，尸是祭祀時裝祖先之神
的人。其祖先是公侯，則尸稱為〝公
尸〞。宐，猶適也。來宐，來舒適舒
適。《毛傳》：宐其事也。

又《玉篇》：當也，合當然也。《禮
·樂記》：武之遲久，不亦宐乎？

又，祭名。《書‧泰誓》：類于上帝，宜于冢土。《註》：祭社曰宜，冢土，社也。《禮‧王制》：宜乎社。《註》：引《爾雅》：起大事，動大眾，必先有事乎社，令誅罰得宜。

又，州名。古百越地，唐置粵州，改宜州。今注：

又，姓。《正字通》：元‧宜桂可，博通經史。

宜氏，《潛夫論》宋子姓有宜氏，按當為宜僚之後。見《姓氏考略》

宜春，複姓。張晏《漢書注》漢王訴封宜春侯，子咸嗣。咸女為王莽妻，莽諱娶同姓，故以侯邑為氏。

又，通作：儀。《前漢書‧地理志》：伯益能儀百物。"儀"，讀與"宜"同。

又 é 叶五何切，音：俄，ㄜ。《詩‧鄘風》：如山如河，象服是宜。叶上"佗"下"何"。《詩經今注》：如山如河、簪子有作鳥獸形的，有作魚龍形的，所以說首飾如山如河。又解：河，疑當作〞阿〝，大嶺。象，借爲橡（音：象），鑲也。橡服，衣的周邊領袖都鑲上花邊。

按：《音學五書》：宜，古音：魚何反。宜字《詩》凡九見，《易》一見、《儀禮》一見，《楚辭》一見，苁同。後人誤入五支韻、據此，則又非，但叶音矣！

又、窑字異體，《玉篇》：古文〞空〝字，《集韻》：空，本〞宜〝字。隸本作：宜。

窯：宀部十八畫

　音：hé《篇海》音：秫，ㄏㄜˊ

　義：未詳

寢：宀部二十四畫

　音：yí《篇韻》魚其切，音：宜，一ˊ

　義：未詳

竂：宀部二十七畫、《字彙補》俗〞檥〝字

音：jǐ《唐韻》、《集韻》、《韻會》、《正韻》太子計切，音：霽，ㄐㄧˋ

義：《字彙補》：俗"擠"字。

《說文》：排也。一曰：推也。《左傳·昭十三年》：小人老而無子，知擠于溝壑矣。《註》：擠，墜也，子細反。

又jǐ《廣韻》、《集韻》、《韻會》、《正韻》太子禮切，音：濟，ㄐㄧˇ。義同。

又《史記·項羽紀》：漢軍卻為楚所擠。《莊子·人間世》：其君因其修以擠之。

又jī《玉篇》、《廣韻》將西切，《集韻》、《韻會》、《正韻》牋西切，太音：齎，ㄐㄧ。義同。

寱：宀部三十六畫

音：lǐn《海篇》音：稟，ㄌㄧㄣˇ

又bǐng，音：ㄅㄧㄥˇ

義：未詳

小部：Xiǎo，音：ㄒㄧㄠˇ

㣡：小部九畫，《字彙補》：古文"麼"字

　　音：mǒ《唐韻》亡果切，《集韻》、《韻

　　　　會》母果切，《正韻》忙果切，玆音

　　　　：曬，ㄇㄛˇ

　　義：《字彙補》：㣡，古文"麼"字。

　　　　《玉篇》：幺，麼，細小。《廣雅》

　　　　：微也。

　　　　又，一作"麿"。班彪《王命論》：

　　　　幺麿不及數子。《註》：細小曰麿。

　　　　又mó《集韻》、《韻會》玆眉波切，

　　　　音：摩，ㄇㄛˊ

　　　　《說文》：瘒，瘢病也。從骨麻聲。

　　　　《類篇》：謂身支半枯也。

　　　　又mó《集韻》：麿，同"瘒"。

　　　　又mó《集韻》母果切，與"麼"同。

　　　　《前漢書‧敘傳》：又況幺麿尚不及

　　　　數子。《註》：小也。

　　　　又mí《集韻》忙皮切，音：麋，ㄇㄧˊ

　　　　。義，玆同。

按：《正字通》：下从幺，俗作"么"，誤。

朵：小部九畫，《篇海類編》：同"朵"。

案：音、義，參見"朵"字詮釋。

淼：小部十二畫，《搜真玉鏡》：同"小"

音：xiǎo《唐韻》、《集韻》、《韻會》私兆切，《正韻》先了切，茲音：蕭，上聲，ㄒㄧㄠˇ

義：《搜真玉鏡》：淼，同"小"。

《說文》：小，物之微也。从八，从丨，見而分之。徐曰：丨始見也，八，分也，始可分別也。《玉篇》：細也。《易·繫辭》：其稱名也小，其取類也大。《左傳·襄三十一年》：君子務知大者遠者，小人務知小者近者。又《周禮·天官》：有小卿，副貳大卿，即小宰也。

又，狹隘也。《書·仲虺之誥》：好問則裕，自用則小。

又，輕之也。《左傳·桓十三年》：

莫教犯於蒲騷之役，將自用也、必小羅。

又《詩‧邶風》：愠于群小。《詩經今注》：愠，怒也。群小，象小人。《註》：小，象妾也。

又《韻輯》：白小，魚名。

又 Xi，叶蘇計切，音：細，ㄒㄧˋ。白居易《懺悔偈》：無始劫來，所造諸罪，若輕若重，無大無小、了不可得，是名懺悔。

絲：小部十四畫

音：guān《集韻》古還切，音關，《ㄨㄢ

義：《集韻》：織緝以絲貫杼也。本作″絆″，从絲省，卅聲。

按：《正字通》：即″絆″字之譌。參見″絆″字，詮釋。

禁：小部十八畫

音：méi《海篇》音：梅，ㄇㄟˊ

義：未詳

尸部：Shi，音：尸

屒：尸部六畫

　音：Xián《龍龕手鑑》音：賢，ㄒ一ㄢˊ

　義：未詳

尿：尸部八畫

　音：xiǎo《篇韻》音：小，ㄒ一ㄠˇ

　義：未詳

屭：尸部二十四畫

　音：bèi《龍龕手鑑》音：備，ㄅㄟˋ

　義：未詳

屮部：chè，音：ㄔㄜˋ

扖：屮部六畫，《字彙補》：古文〝攀〞字

　音：Pān《唐韻》普班切，《集韻》、《韻
　　　會》、《正韻》披班切，𡘋音：盼，
　　　平聲，ㄆㄢ

　義：《字彙補》：古文〝攀〞字。《前漢
　　　書・司馬相如傳》：仰扖橑而捫天。
　　　《註》：扖，古〝攀〞字。《文選》
　　　：今作：攀。
　　　《唐韻》、《集韻》、《韻會》、《
　　　正韻》：引也。《晉語》：攀輦即利

而舍。

又、自下援上也。《莊子・馬蹄篇》
：烏鵲之巢，可攀援而闚。崔駰《達
旨》：攀台階，闚紫闥。

按：攀之異體字，或作"枎"，亦作"攀
"。

蓤：屮部二十一畫，籀文"茻"字。

音：ㄌㄩ《廣韻》、《集韻》力竹切，音
：六、ㄌㄨˋ

義：《玉篇》：籀文"茻"字。从三茻、
叢生。朱謀㙔曰：蓤即"稑"字，蔬
屬總名。

《說文》：菌茻，地蕈，叢生田中。
从屮、六聲。

按：蓤，籀文"茻"字。从三茻，象叢生
之狀也。

《正字通》：稑禾屬、稑地蕈。朱氏
合稑、蓤為一，非。以蓤為蔬屬總名
者，亦非。

拜：屮部二十六畫，古文"拜"字。

音：bài《唐韻》博怪切，《集韻》、《韻會》、《正韻》布怪切，茲音：擺，去聲，ㄅㄞ

義：《集韻》：拜，古作"𢷎"。亦作"擺"，擺字重文，从手奉。

《說文》：𢷎，古文"擺"，从二手。𢶒，揚雄說：拜（擺），从兩手下也。《禮·郊特牲》：拜，服也，稽首服之甚也。《疏》：拜者，是服順也。《周禮·春官·大祝》"辨九擺"《註》：稽首，頭至地也。頓首，頭叩地也。空首，頭至手，所謂拜手也。吉拜，拜而后稽顙。凶拜，稽顙而后拜。奇讀為奇偶之奇，謂一拜也。褒讀為報，再拜是也。肅拜但俯下手，今時擖是也。振動，戰栗變動之拜也。《詩詁》：一稽首，謂下首至地稽留乃起。二頓首，謂下手置首於地即起。三空首，謂下手首不至地。四振動，謂恐悚迫蹙而下手。五吉拜，謂雍容而下手。七奇拜，謂禮簡不再拜也。八褎拜，謂答拜也。九肅拜，謂直身肅容而微下手，如今婦人拜也。

又"膜拜"，舉兩手伏地而拜也。《穆天子傳》：膜拜而受。

又，荀子《大略篇》：平衡曰拜。《註》：謂磬折，頭與腰平。

又，朝廷授官曰拜。《史記・淮陰侯傳》：至拜大將，乃信也。《後漢書・楊雄傳》：拜除如流，缺動百數。

又，屈也。《詩・召南》：蔽芾甘棠，勿翦勿拜。《詩經今注》：拜（讀爲扒《廣韻・十六怪》引作扒），拔也。《詩詁》：攀下其枝，如人之拜也。

又，草名。《爾雅・釋草》：拜，蔏藋。《註》：疑即"商陸"。

按：拜，本作"𢪞"，亦作"𦒺"。𢪞字重文，从手、𠦪。《集韻》：拜，古

作 " 豩 " 。《六書精蘊》作 " 琴 " 。
《六書正譌》又作 " 珡 " ，从兩手向
下，會意。

山部：shān，音：ㄕㄢ

屾：山部六畫

音：shēn《廣韻》、《類篇》所臻切，《
集韻》疏臻切，𡘋音：莘，ㄕㄣ

義：《說文》：屾，二山也。魏校《精蘊
》：兩山𡘋峙，各止其所靜之極也。

按：《正字通》" 屾 " 即山之重文，音、
義不殊。或謂：《易》兼山艮，屾當
是古文艮，其說亦泥。《韻會》、《
正韻》俱不收 " 屾 " 。

㞽：山部九畫

音：shi《搜真玉鏡》所急切，音：峙，ㄕ
義：未詳

嵊：山部十四畫

音：pái，裴害切，音：湃，ㄆㄞ
義：未詳

嶽：山部十六畫

音：zhǐ《搜真玉鏡》音：祇，亦作支，止

義：未詳

巛部：chuǎn，音：彳ㄨㄢ

州：巛部大畫

音：zhōu《唐韻》、《正韻》職流切，《
集韻》、《韻會》之由切，丛音：周
，止又

義：《說文》：水中可居曰州。周遶其旁
，从重川。昔堯遭洪水，民居水中高
土，故曰九州。一曰：州，疇也，各
疇其土而主之。《廣雅》：州，殊也
，浮也。《春秋題辭》：州之為言殊
也。《釋名》：州，注也。郡國所注
，仰也。《玉篇》：九州也，時也，
宮也，居也。《書‧舜典》：肇十有
二州。《傳》：禹治水之後，舜分冀
州為幽州、并州。分青州為營州。《
疏》：《禹貢》治水之時猶為九州，
今始為十二州。《左傳》云：昔夏之
方有德也，貢金九牧。則禹登王佐，

還置九州，其名蓋如《禹貢》。
《禹貢》：冀、兗、青、徐、荊、揚
、豫、梁、雍。《周禮·夏官》九州
：揚、荊、豫、青、兗、雍、幽、冀
、并。《爾雅·釋地》：冀、豫、雝
、荊、揚、兗、徐、幽、營，九州。
《疏》：《禹貢》有青、徐、梁，無
幽、并、營，是夏制。《周禮》有青
、并、幽，無徐、梁、營，是周制。
此有幽、徐、營，而無青、梁、并，
疑是殷制也。

《史記·孟子傳》：騶衍言中國名赤
縣神州。赤縣神州內自有九州，禹之
序九州是也，不得為州數。中國外如
赤縣神州者九，乃所謂九州也。

又《周禮·地官》：五黨為州。《註
》：州二千五百家。《論語》：言不
忠信，行不篤敬，雖州里行乎哉？

又，國名。《春秋·桓五年》：州公
如曹。《傳》：淳于公如曹。《註》

：淳于，州國所都，城陽淳于縣也。

《括地志》：密州安丘縣東三十里古州國，周武王封為淳于國。

又，邑名。《左傳·昭三年》：鄭伯如晉，公孫段相晉侯，曰：子豐有勞於晉，余聞而弗忘，賜女州田。《註》：州縣，今屬河內郡。

又《春秋·成七年》：吳入州來。《註》：楚邑，淮南下蔡縣。

又《史記·楚世家》：考烈王元年，納州於秦。《註》：南郡有州陵縣。

又，姓。《左傳·襄二十一年》：州綽出奔齊。《註》：晉大夫。

州氏，《姓氏考略》：引《風俗通》周有州邑，後屬晉。春秋時之州綽、州賓，其先食采於州，因以為氏。望出武陵，治所在今湖南省常德縣。

又，淳于公謂州公，其後亦為氏。

州來，複姓。《路史》吳後有州來氏。州來，古國，楚滅之。吳取以封季子。

又《爾雅．釋畜》：白州驠。《註》：州，竅。《疏》：謂馬之白尻者也。又，與"洲"通。按《說文》引《詩．周南》：在河之州。今文作"洲"，古通。

又zhū，叶專於切，音：朱，ㄓㄨ。

《易林》：鸛鵠徙巢，西至平州。
遭逢雷電，霹我葺廬。

巛：巛部六畫，《海篇》：與"坤"同。古文"巛"。

音：kūn《廣韻》苦昆切，《集韻》、《韻會》、《正韻》枯昆切，丛音：髡，ㄎㄨㄣ

義：巛，《海篇》：與"坤"同。古作：巛，《玉篇》：古文"坤"字。

《廣雅》：柔也，順也。《後漢書．輿服志》：黃帝、堯、舜，垂衣裳而天下治。蓋取諸乾巛，乾巛有文，故上衣玄，下裳黃。《北史．魏文帝紀

》：太和三年，《德六合殿成。
災，古作"巛"。《海篇》與"坤"
同。《玉篇》：巛、古文"坤"字。
《廣韻》、《集韻》、《韻會》、《
正韻》太太音：顠。地也。《釋名》：
順也，上順乾也。《易》：卦名。《
象傳》：地勢坤。《說卦》坤為地。
又，quán 叶巨員切，音：拳，〈ㄩㄢˊ
。桓君山《仙賦》：氾氾瀲瀲，隨天
轉旋。客客無為，壽極乾坤。蘇軾《
服胡麻賦》：至陽赫赫發自坤兮，至
陰肅肅躋于乾兮。

按：《說文》：坤，地也，易之卦也。从
土、从申，土位在申也。古作"巛"
，亦作"巛"。《海篇》：與"坤"
同。《康熙字典》：別作"塻"、"
界"、"塾"、"費"。

鱳：巛部二十二畫

音：jiào《金鏡》音：剿、ㄐㄧㄠˋ

義：未詳

灥：从部二十四畫，《字彙補》：同〝河〞

音：hé《唐韻》乎哥切，《集韻》、《韻
　　會》、《正韻》寒歌切，並音：何，
　　ㄏㄜˊ

義：水名，《說文》：水出焞煌塞外崑崙
　　山，發源注海。《春秋說題辭》：河
　　之為言荷也，荷精分布懷陰引度也。
　　《釋名》：河，下也，隨地下處而通
　　流也。《前漢書·西域傳》：河有兩
　　源，一出蔥嶺，一出于闐。于闐在南
　　山下，其河北流，與蔥嶺河合，東注
　　蒲昌海，潛行地下，南出於積石，為
　　中國河云。《書·禹貢》：導河積石
　　，至于龍門。《爾雅·釋水》：河出
　　崑崙，色白，所渠并千七百一川，色
　　黃，百里一小曲，千里一曲一直。
　　又，九河。《書·禹貢》：九河既道
　　。《傳》〝九河〞：徒駭一，太史二
　　，馬頰三、覆釜四，胡蘇五，簡六，
　　絜七，鈎盤八，鬲津九。

又，三河：謂河南、河北、河東也。
《後漢書·光武紀》：三河未澄，四
關重擾。又《小學紺珠》：以黃河、
析支河、湟中河為"三河"。

又，兩河：謂東河、西河也。《爾雅
·釋地》：兩河間曰冀州。

又，州名。《廣輿記》：古西羌地，
秦漢屬隴西，唐曰河州，明置河州衛

又"梗河"，星名。《甘氏星經》：
梗河三星，在大角帝座北。

又"銀河"，天河也。又，趙崇絢《
雞肋》：道家以目為"銀河"。

又，酒器也。《乾饌子》：裴鈞大宴
，有銀河，受一斗。

又"淘河"，《爾雅·釋鳥》註：淘
河，鳥名。

又，姓。明·河清，長沙人。
《姓氏尋源》河氏，出自河伯之後，
或河宗柏夭之後。郭璞《山海經》注
云：河伯僕牛，皆人姓名，是河為姓

也。甘肅涇州有河姓，明‧河源之後，占籍襄陽。

工部：gōng，音：ㄍㄨㄥ

㩦：工部十畫，《字彙補》：同"隳"。

音：huī《廣韻》許規切，音：隳，ㄏㄨㄟ

義：《字彙補》：同"隳"。

俗"墮"字。老子《道德經》：故物或行或隨。或呴或吹，或強或羸，或載或隳。宋玉《高唐賦》長吏隳官。

又，通作"隨"。《禮‧月令》：繼長增高，毋有壞隳。《釋文》：隳，本作"隨"。

又《讀書通》：與"毇"通。《荀子‧富國篇》：非將隳之也，說不免焉。《後漢書‧袁紹傳》：所過毀突。《文選》：作"隳"。

㞩：工部十二畫，《玉篇》：古文"展"字

音：zhǎn《集韻》、《韻會》、《正韻》：太知輦切，音：邅，上聲，ㄓㄢˇ

義：㞩，《玉篇》：古文"展"字。

《說文》：瞾，極巧視之也。从四工，凡瞾之屬皆从"瞾"。段注：凡展布字當用此，"展"行而瞾廢矣。

《說文》：轉也。本作"屡"，从尸，襄省聲。隸作"展"。《爾雅·釋言》：展，適也。《註》：得自申展適意也。

一曰：誠也。《詩·鄘風》：展如之人兮。《小雅》：展也大成。《詩經今注》：展，誠然，真的。大成，很成功也。揚子《方言》：荆吳淮汭之間，謂信曰展。

又，舒也，開也。《儀禮·聘禮》：有司展群幣以告。《疏》展，陳也。

又《周禮·天官》：展其功緒。《註》：展，猶錄也。

又《書·旅獒》：分寶玉于叔伯之國，時庸展親。《註》使益厚其親也。

又《廣韻》：整也、審也，視也。《周禮·春官·肆師》：大祭祀，展犧牲。鄭《註》：展，省閱也。

又，姓。魯大夫展禽、展喜。《列仙傳》：帝嚳時有展上公得道，為展姓之始。《左傳》：魯公子展之後，望出河東（治所安邑，在今山西夏縣西北）。《魏書・官氏志》：後魏輾遲氏，改為展氏（參《姓氏考略》載）。

又 zhān，叶諸延切，音：旃，ㄓㄢ。《詩・鄘風》：瑳兮瑳兮！其之展也。《詩經今注》：瑳（音：搓），玉色鮮明潔白。展，一種女衣，細紗製成，上有縠粒文，丹紅色，夏天所穿。叶下"顏"、"媛"。《註》：展與"襢"通。

又 zhěn，叶章忍切，音：軫，ㄓㄣˇ。張衡《西京賦》：五都貨殖，既遷既引。商旅聯槅，隱隱展展。

案：㞡，《玉篇》：古文"展"字，《六書正譌》：四工有屢布義，會意。隸作"屢"，中从㠭。俗作：展，今"

展〝衎而〞﹝㞞﹞廢矣。

㠭：工部十六畫，《字彙補》：同〝多〞。

案：音、義，參〝多〞字，詮釋。

𡫏：工部二十四畫

音：hòng《篇海》何貢切，音鬨，ㄏㄨㄥˋ

又，tóng，音：ㄊㄨㄥˊ

義：未詳

案：𡫏，與宀部〝𡫏〞，字同義異即。

己部：jǐ，音：ㄐㄧˇ

㠰：己部六畫

音：hàn《海篇》音：旱，ㄏㄢˇ

義：未詳

巽：己部十二畫，《說文》古文〝巽〞字。

音：xùn《唐韻》、《集韻》、《韻會》、《正韻》夶蘇困切，音：遜，ㄒㄩㄣˋ

義：《說文》：古文〝巽〞字。本作〝巺〞，具也。篆文作〝巽〞。徐鉉曰：庶物皆具丌以薦之。

又《玉篇》：卦名。《韻會》：巽，入也，柔也，卑也。《易·巽卦》：

巽者，卑順之名。《說卦》云：巽，入也。蓋以巽是象風之卦，風行無所不入，故以入為訓。若施之於人事，能自卑巽者，亦無所不容。然巽之為義，以卑順為體，以容入為用，故受巽名矣。

又與"遜"通。《書·堯典》：汝能庸命，巽朕位。《釋文》：巽，讓也。《集傳》：巽、遜，古通用。

又，zhuàn《五音集韻》雛睆切，音：撰，ㄓㄨㄢˋ。持也。

又，xuán《韻補》叶須閏切，音：潯，ㄐㄩㄣˊ。《易·蒙卦》：童蒙之吉，順以巽也。叶下"順"。

又，xuǎn叶須絹切，音：選，去聲，ㄒㄩㄢˇ。《易·家人》：六二之吉，順以巽也。叶上"變"

巾部：jīn，音：ㄐㄧㄣ

帍：巾部六畫

音：cháng《搜真玉鏡》音：長，ㄔㄤ

義：未詳

帞：巾部八畫

音：bài《字彙補》博蓋切，音：拜，ㄅㄞˋ

義：《六書略》：行貌。

𢂸：巾部八畫

音：guì《海篇》音：癸，ㄍㄨㄟˋ

義：未詳

𢅏：巾部十二畫，《字彙補》：古文牟字。

音：móu《唐韻》莫浮切，《集韻》、《韻會》迷浮切，丛音：謀，ㄇㄡˊ

義：𢅏，《字彙補》：古文"牟"字。

《說文》：牟，牛鳴也。从牛，象其聲气从口出。柳宗元《牛賦》：牟然而鳴，黃鍾滿脰。

又《玉篇》：取也，奪也，過也。《戰國策》：上干主心，下牟百姓。《註》：牟，取也。《韓非子·七反篇》：牟食之民。《史記·平準書》：富商大賈無所牟大利。《前漢書·景帝紀》：侵牟萬民。《註》：李奇曰

：牟，食苗根蟲也。侵牟食民，比之蟊賊也。

又《玉篇》：倍也。《楚辭·招魂》：成梟而牟，呼五白些。《註》：倍勝爲牟。

又《玉篇》：大也。《淮南子·要略篇》：原道者，盧牟六合，混沌萬象。

又，揚子《方言》：愛也，宋魯之間曰牟。

又《後漢書·禮儀志》仲夏以朱索連葷菜，彌牟樸蠱。《正字通》：都敬曰：彌牟，禦止塗抹之義。

又《玉篇》：進也。

又《前漢書·霍光傳》：輦道牟首。《註》：孟康曰：牟首，地名。如淳曰：牟首，屛面，以屛面自隔也。瓚曰：牟首，池名。師古曰：瓚說是。《左思·吳都賦》：長塗牟首。《註》：劉逵曰：牟首，閣道有室屋也。

又，國名。《春秋·桓十五年》：邾

人，牟人、葛人來朝。《前漢書·地理志》：泰山郡，牟。《註》：故國。《晉語》：成王盟諸侯於岐陽，楚為荊蠻，置茅蕝，設望表，與鮮牟守燎，故不與盟。《註》：鮮牟，東夷國。

又，地名。《春秋·隱四年》：莒人伐杞，取牟婁。今注：亦作：牟樓，在今河南杞縣。又《左傳·宣九年》：取根牟。又《論語》：佛肸以中牟畔。今注：佛肸，古人名。肸，音：夕，丁一。《前漢書·地理志》：河南郡，中牟。又：東萊郡，東牟。

又《釋名》：牟追：牟，冒也，言其形冒髮追追然也。

又，姓。《風俗通》：牟子國祝融之後，後因氏焉。《史記·田敬仲完世家》：大夫牟辛。《後漢書·牟融傳》：牟融，北海安丘人（參《中國人名大辭典》頁二七七·一）。

又《廣韻》：複姓三氏，《禮記》有賓牟賈。《東萊先賢傳》有曹牟君卿，《何氏姓苑》有彌牟氏。

牟氏，《姓氏考略》：引《風俗通》牟子國，祝融之後，因氏焉。望自鉅鹿，亦作：巨鹿，治所在今河北平鄉西南。

又，複姓：牟孫、賓牟、彌牟三氏（參《姓氏考略》載）。

牟孫氏，《路史》：小邾子後，有"牟孫"氏。

賓牟氏，《姓纂》：楚臧孫之後，《樂記》：有賓牟賈。

彌牟氏，《姓苑》：出衛大夫公孫彌牟之後。

又，麥也。《詩·周頌》：貽我來牟。《詩經今注》：貽，遺留。來牟，古時大小麥之統稱。《傳》：牟，麥也。《釋文》：牟字，書作"䃺"、或作"䵘"。

又，器也。《禮·內則》：敦牟巵匜
。《註》：牟讀曰堥，敦牟，黍稷器
也。《釋文》：齊人呼土釜為牟。《
後漢書·禮儀志》：巵八，牟八。

又《後漢書·禰衡傳》：著岑牟單絞
之服。《註》：通史志曰：岑牟，鼓
角士胄也。《韻會》：鍪，通作牟。

又，與〝眸〞通。《荀子·非相篇》
：堯舜參牟子。《註》：牟，與〝眸
〞同。參牟子，謂有二瞳之相參也。

又，mǒu《集韻》莫後切，音：母，
ㄇㄨˇ。中牟，地名。按：〝中牟〞地
名多讀平聲，《集韻》又收上聲，未
知何據。

又，màn《集韻》莫候切，音：茂，
ㄇㄠˋ。本作：務，昏也。又與〝務〞
同。《荀子·成相篇》：天乙湯，論
舉當。身讓卞隨舉牟光。《註》：〝
牟〞與〝務〞同

帬：巾部十二畫

音：zǎo《篇韻》音：早，ㄗㄠˇ

義：未詳

絾：巾部十四畫

音：jí《龍龕手鑑》紀力切，音吉，ㄐㄧˊ

義：未詳

幠：巾部十五畫

音：nǎo《字彙補》尼老切，音：獶，ㄋㄠˇ

義：《字彙補》：闌也。

幧：巾部十六畫

音：cì《海篇》音：賜，ㄙˋ。語音：ㄘˋ

義：未詳

干部：gān，音：ㄍㄢ

开：干部六畫

音：jiān《唐韻》古賢切，《集韻》、《
韻會》經天切，达达音：堅，ㄐㄧㄢ

義：《說文》：开，平也。象二干對構，
上平也。

又《廣韻》：开，羌名。《前漢書·
趙充國傳》：先零、罕、开。《註》
：師古曰：罕开，羌之別種也。此下

言遣幵豪雕庫宣天子至德，罕、幵之屬，皆聞知明詔。其下又云：河南大幵、小幵，則罕羌、幵羌，姓族殊矣！而今之羌姓有幵者，總是罕、幵之類，合而言之，因為姓耳！

又，縣名。《前漢書·地理志》：天水郡罕幵縣。《註》：師古曰：本破罕幵之羌，處其人於此，因以名云。

又，yán《集韻》倪堅切，音妍，一ㄢ。義同。

又，qiān《集韻》、《韻會》輕烟切，《正韻》苦堅切，並音牽，ㄑㄧㄢ。義同。

又，姓。《正字通》：宋有四川漕使幵度。《前漢書·趙充國傳》註：幵，音：堅。罕羌、幵羌，羌之別種。降漢，處之天水，各其地為罕幵縣，因以為姓。

按：斁，《海篇》：音、義，與〝幵〞同。即〝幵〞字之譌。

并：干部八畫，本作"幷"。

音：bing《唐韻》府盈切，《集韻》、《韻》卑盈切，《正韻》補明切，太音餅，平聲，ㄅㄧㄥ

義：《說文》本作：幷，从二人，幵聲。一曰从持二干為"幷"。隸作"并"，相从也。《周禮·冬官·考工記》：輿人為車，凡居材大與小無并。《註》：并謂偏邪相就也。

又《廣韻》：并，合也。謝靈運《初去郡詩》：廬園當巖栖，卑位代躬耕。顧已雖自許，心迹猶未并。

又《玉篇》：并，兼也，同也。

又，州名。《書·舜典》：肇十有二州。《註》：舜分冀州為幽州、并州。《廣韻》：春秋時為晉國，後屬趙，秦為太原郡，魏後置并州。《韻會》：唐為太原府。

又，姓。《廣韻》：出《姓苑》。《萬姓統譜》：并韶有文藻，吏部以并姓先賢，下具選格。

今涇：并姓，以地為氏。

又，複姓：并官氏。《路史》宋微子後。按《魯國先賢傳》，孔子并官氏，韓勒《孔廟禮器碑》作：并官氏。蓋并官氏，隸寫作"并"耳。

又，bǐng《廣韻》、《集韻》，《韻會》卑正切，《正韻》陂病切，竝音：餅，去聲，ㄅㄧㄥˇ

《廣韻》：并，專也。《禮·檀弓》：趙文子曰：陽處父行并植於國。《註》：并，猶專也，謂剛而專己。《釋文》：并，必正反。

又，與"併"同。《集韻》：併，或省作：并。賈誼《過秦論》：并吞八荒。謝靈運《擬鄴中詩序》：天下良辰、美景、賞心、樂事，四者難并。

又《韻會》與"屏"通。《莊子·天運篇》：至貴國爵并焉。《註》：并，棄除也。

又，páng 叶卑陽切，音：旁，ㄆㄤˊ。
張籍《祭韓愈詩》：偶有賈秀士，來
茲亦同拜。移船入南溪，東西縱篙楗。

幺部：yāo，音：一ㄠ

幺：幺部六畫，古文"茲"字。

音：yōu《唐韻》、《集韻》太於蚪切，音
：幽，一又

義：《說文》：幺，微也。《唐韻》：微
小也。《元包經》：俶幺幺，卒飄飀
。《傳》：俶幺幺，始於細微也。卒
飄飀，終能強盛也。

又，zī《集韻》：茲，古作：幺。

案：參見"茲"字·詮釋。

幺幺：幺部八畫

音：yōu《五音篇海》音：幽，一又

義：《五音篇海》：小也。

又，zhí 音：查，ㄓˊ。義同。

幺幺幺：幺部十一畫

音：guān《唐韻》古還切·《集韻》姑還
切，太音：關，ㄍㄨㄢ

義：《說文》：絭，纕臂以糸貫枱也。

又，guàn《集韻》古患切，音：慣，
《ㄨㄢˋ。義同。

䢺：幺部十四畫，本 "繼" 字。

形：《說文》：䢺，繼或作䢺。繼，从糸
，从䢺。一曰：反䢺為繼。

音：ji《廣韻》、《集韻》、《韻會》、
《正韻》茲古詣切，音：計，ㄐㄧˋ

義：《說文》：䢺，本 "繼" 字。

《莊子·至樂篇》：得水則為䢺。《
音義》：萬物得水、土氣，乃相繼而
生也。

《說文》：繼，續也。《玉篇》：紹
繼也。《易·繫辭》：繼之者，善也
。《中庸》：善繼人之志。《孟子》
：為可繼也。《五經文字》：繼，从
䢺，反䢺為䢺。俗作：継，非。

又，ji《集韻》吉棄切，音：繫下一
。繫也。《後漢書·李固傳》：群下
繼望。《註》：劉攽曰：繼是繼續之

義，不可施於此，蓋本是 " 繫 " 字，
繫綴天下之望也。

按：繼，又音：繫，訓縛即繫之義。劉放
改 " 繼 " 爲 " 繫 " ，非是。

𢇍：幺部十四畫，古文 " 絕 " 字。

音：jué《廣韻》、《集韻》情雪切，《韻
會》徂雪切，茲音：截，ㄐㄩㄝˊ

義：《說文》：𢇍，古文 " 絕 " 字。象不
連體絕二絲也。

路溫舒《尚德緩刑書》：𢇍者，不可
復屬。

又《說文》：絕，斷絲也。从糸、从
刀、卩聲，象不連體絕二系。《廣韻
》：絕，作 " 絶 " ，非。《博雅》：
斷也。《玉篇》：滅也。《書・甘誓
》：天用勦絕其命。

又《詩・小雅》：終踰絕險。《詩經
今注》：踰，越過。《箋》：踰度陷
絕之險。

又《禮・月令》：振乏絕。《疏》：

不續曰絕。

又《周禮・春官・大祝》：辨九祭，
七曰絕祭。《註》：絕肺以祭，謂之
絕祭。

又《爾雅・釋水》：正絕流曰亂。《
註》：直橫流也。《史記・天官書》
：絕漢抵營室。《註》：《索隱》曰
：絕，度也。《荀子・勸學篇》：假
舟檝者，非能水也，而絕江河。《註
》：絕，過也。

又，屈原《離騷》：萎絕其何傷兮。
《註》：絕，落也。

又，zhuó《集韻》租悅切，音：茁、
ㄓㄨㄛˊ。義同。

又《韻補》叶此芮切。司馬相如《哀
二世賦》：以"絕"叶"勢"。

按：《餘文》：戀，同"絕"。

廾部：gǒng，音：《ㄨㄥ

廾：廾部四畫，《說文》：廾，本字。

　音：gǒng《唐韻》居悚切，音：拱《ㄨㄥˇ

義：廾，《説文》：" 廾 "本字。

廾，《説文》：竦手也，从屮，从又。今變作" 廾 "。揚雄説：廾，从兩手。

又，gōng《廣韻》九容切，《集韻》居容切，ㄊㄞ音：恭，《ㄨㄥ

又，qióng《集韻》渠容切，音：蛩，ㄑㄩㄥˊ。義、ㄊㄞㄞ同。

按：廾，《説文》：廾本字。" 廾 "之異體，《集韻》：或作" 舁 "。

丼丼：廾部八畫

　音：xíng《字彙補》何仍切，音：刑，ㄒㄧㄥˊ

　義：《字彙補》：丼丼，酒器也。

弓部：gōng，音：《ㄨㄥ

　弓：弓部四畫

　　音：xián《唐韻》胡先切，《集韻》胡千切，ㄊㄞ音：賢，ㄒㄧㄢˊ

　　義：《説文》：謂草木弓盤也。

　弜：弓部六畫

音：jiàng《唐韻》其兩切，音：強，上聲
　　，ㄐ一尤

義：《說文》：彊也，弓有力也。《集韻
　　》：弓彊貌。《華陽國志》：秦昭襄
　　王時，白虎為害，於是夷作白竹弩，
　　射殺白虎，世號白虎復夷，一曰板楯
　　蠻，今所謂弜頭虎子者也。
　　又，qiáng《廣韻》、《集韻》太渠良
　　切，音：強，ㄐ一尤
　　又，qí《集韻》翹移切，音：祁，
　　ㄑ一。義，太同。

弜：弓部九畫
　　音：zhōu《龍龕手鑑》音：州，ㄓㄡ
　　義：未詳

弱：弓部十畫，《說文》：本作"𢏒"。
　　音：ruò《唐韻》而勺切，《集韻》、《韻
　　　會》日灼切，太音：若，日ㄨㄛ
　　義：《玉篇》：尪弱也。《釋名》：委也
　　　。《增韻》：懦也。《書·洪範》：
　　　六極，大曰弱。《傳》：尪弱。《疏

》：尫劣尪是弱事，為筋力弱，亦為志氣弱。鄭康成云：愚懦不毅曰弱，言其志氣弱也。《禮·曲禮》：二十曰弱冠。《疏》：體猶未壯，故曰弱也。《釋名》二十曰弱，言柔弱也。又〞孅弱〞，體柔貌。司馬相如《上林賦》：嫵媚孅弱。

又〞弱行〞。《左傳·昭七年》：孟縶之足不良，弱行。《註》跛也。

又，水名。《書·禹貢》：導弱水至于合黎。《山海經》：海內崑崙之墟，弱水出西南隅。《史記·大宛傳》：安息長老傳聞條枝有弱水，西王母而未嘗見。《註》：《索隱》曰：《魏略》云，弱水在大秦西。《玄中記》云：天下之弱者，有崑崙之弱水，鴻毛不能載也。

又，衰也。《左傳·昭三年》：姜族弱矣！而嬀將始昌。

又，敗也。《釋名》：衄也。《左傳

‧襄二十六年》：頡遇王子弱焉！《
註》：弱，敗也，言為王子所得。

又，喪也。《左傳‧昭三年》：又弱
一个焉。

又”繁弱”，弓名，亦作”蕃弱”。
《左傳‧定四年》：封父之繁弱。《
註》：繁弱，大弓名。《孔叢子‧公
孫龍篇》：楚王張繁弱之弓。司馬相
如《上林賦》：彎蕃弱。《註》：文
穎曰：蕃弱，夏后氏之良弓名。

　　按：弱，《說文》：本作”弱”。

弜：弓部十一畫，《字彙補》：與”為”同

　　按：為字，古文本作”𦥑”，疑譌。

　　案：音、義，參”𦥑”字，詮釋。

弱：弓部十二畫，《說文》：”弱”本字。

　　案：《說文》：弱，橈也。上象橈曲，彡
　　　　象毛氂橈弱也。弱物并，故从二𢎨。

　　　　弱字音、義、參”弱”字，詮釋。

彐部：彐，音：ㄐㄧ

彐：彐部六畫，《字學指南》：同”彘”

案：音、義，參＂多＂字，詮釋。

綠：彐部十四畫，《字彙補》古文＂肆＂字

音：si《玉篇》、《廣韻》、《集韻》、
《類篇》、《韻會》息利切，《正韻
》悉漬切，达音：四，ㄙ

義：《字彙補》：古文＂肆＂字。
《説文》：肆，極陳也。从長，隶聲
。《爾雅・釋言》：肆，力也。《疏
》：極力也。《左傳・昭十二年》：
昔穆王欲肆其心，周行天下。《註》
：肆，極也。《周語》：藪澤肆既。
《註》：肆，極也。既，盡也。
又《玉篇》：放也，恣也。《易・繫
辭》：其事肆而隱。《疏》：其辭放
肆顯露，而所論義理深而幽隱也。《
左傳・昭三十二年》：伯父若肆大惠
，復二文之業，弛周室之憂。《註》
：肆，展放也。《禮・表記》：君子
莊敬日強，安肆日偷。《註》：肆，
猶放恣也。

又，遂也。《書·舜典》：肆類于上帝。《傳》：肆，遂也。

又，次也。《詩·小雅》：跂彼織文，終日七襄。《箋》：襄，駕也。駕，謂更其肆也。《疏》：謂止舍處也。天有十二次，日月所止舍也。舍，即肆也。在天爲次、在地爲辰，每辰爲肆，是歷其肆舍有七也。

又，陳也、列也。《書·牧誓》：昏棄厥肆祀弗荅。《傳》：昏，亂也。肆，陳也。《詩·大雅》：肆筵設席。《註》：肆者，陳設之意。

又《古今注》：肆，所以陳貨鬻之物也。《周禮·地官·司市》：掌以陳肆辨物而平市。《註》：肆，謂陳物處。《前漢書·刑法志》：開市肆以通之。《註》：師古曰：肆，列也。

又《韻會》：既刑陳尸曰肆。《禮·月令》：仲春之月，命有司省囹圄，去桎梏，毋肆掠。《註》：肆，謂死刑暴尸也。《周禮・秋官・掌囚》：
凡殺人者，踣諸市，肆之三日。
又《爾雅・釋詁》：肆，故也。《疏
》：肆之為故，語更端辭也。又：肆
，今也。《註》：肆，既為故，又為
今，此義相反，而兼通者。《書・大
禹謨》：肆予以爾眾士，奉辭伐罪。
《傳》：肆，故也。《詩・大雅》：
肆不殄厥慍，亦不隕厥問。《傳》：
肆，故今也。
又《博雅》：伸也。《左傳・僖三十
年》：既東封鄭，又欲肆其西封。《
註》：肆，申也。
又《小爾雅》：餘也。
又，緩也。《書・舜典》：眚災肆赦
。《傳》：肆，緩也。過而有害，當
緩赦之。《左傳・莊二十二年》：肆
大眚。《疏》：肆，緩也。
按《公羊傳註》：肆，跌也，過度也
。《穀梁傳註》：肆，失也。三《傳

》異義。

又《玉篇》：量也。

又，大也。《書·梓材》：越厥疆土，于先王肆。《傳》：能遠拓其界壤，則于先王之道遂大。

又，長也。《詩·大雅》：其詩孔碩，其風肆好。《詩經今注》：孔碩，指篇幅很長。風，曲調也。肆好，馬瑞辰說"肆好，即極好。"《傳》：肆，長也。

又，弃也。揚雄《長楊賦》：故平不肆險，安不忘危也。《註》：服虔曰：肆，弃也。今注：弃，音：ㄑㄧ、古文"棄"字。《標準學生字典》、《東方國語辭典》作"棄"的簡體字。《新華字典》：通用"弃"，而"棄"廢矣。

又《小爾雅》：突也。《詩·大雅》：是伐是肆。《詩經今注》：肆，與"襲"通，攻也。《傳》：肆，疾也。《箋》：肆，犯突也。《疏》：肆為犯突，言犯師而衝突之。《左傳‧文十二年》：若使輕者，肆焉其可。《註》：肆，暫往而退也。

又《周禮‧春官‧小胥》：凡縣鐘磬，半為堵，全為肆。《註》：編縣之，二八十六枚在一虡，謂之堵。鐘一堵、磬一堵，謂之肆。《左傳‧襄十一年》：歌鐘二肆。《註》：肆，列也。縣鐘十六為一肆，二肆三十二枚。

又，官名。《周禮‧地官》：肆長，各掌其肆之政令。

又，姓。《何氏姓苑》：有漁陽太守肆敏。《風俗通》：肆氏，宋大夫肆臣之後。

又，祭名。《史記‧周本紀》：肆祀不答。

又，ㄒㄧ《集韻》息七切，音：悉，ㄒㄧ。放也。

又，ㄧˋ《韻會》羊至切，與＂肆＂同

（音：一）。《五音集韻》：習也，嫩條也。《禮·玉藻》：肆束及帶，勤者有事則收之，走則擁之。《註》：肆，讀為肄。肄，餘也。《釋文》：肄，音：肄。

又，gǎi音：陵，《万。《禮·禮器》：其出也，《肆夏》而送之，蓋重禮也。《註》：《肆夏》當為《陵夏》。《釋文》：肆，依《註》作：陵，古來切。

又，tì《集韻》他歷切，音：逖，去一。解也。《禮·郊特牲》：腥肆爓腍祭。《註》：治肉曰肆。《疏》：肆，剔也。《釋文》：肆，敕歷切。《周禮·地官·大司徒》：祀五帝，奉牛牲，羞其肆。《註》：鄭司農云：肆，陳骨體也。《士喪禮》曰：肆，解去蹄。《賈疏》：羞，進也。肆，解也。謂於俎上進所解牲體於神座前。《釋文》：肆，他歷切。

絲：王部十六畫，古文〝絲〞、〝絲〞。

音：si《唐韻》、《集韻》𠀤息利切，音：四，ㄙ

義：《說文》：絲，系屬，从二系。

又《玉篇》：承聲也。

又《廣韻》：鼠名。

按：《廣韻》：俗作〝鰲〞，《玉篇》：同〝鰲〞。

那：王部二十二畫，《字彙補》：同〝那〞。

音：nó《唐韻》、《廣韻》諾何切，《集韻》、《韻會》囊何切，《正韻》奴何切，𠀤音：儺，ㄋㄨㄛˊ

義：《字彙補》：同〝那〞。

《玉篇》：何也。《左傳·宣二年》：棄甲則那？

又，多也。《詩·小雅》：受福不那。《詩經今注》：那，多也。不那，即甚多。

又《集韻》：安貌。《詩·小雅》：有那其居。《詩經今注》：那（音：

挪），安閒也。

又，地名。《說文》：西夷國安定，有朝那縣。

又，姓。《廣韻》：西魏有那椿。

那氏，《姓氏考略》：引《姓譜》云：《左傳》楚武王克權，遷權於那處，因氏。望出丹陽（治所宛陵，即今安徽宣城）、天水（治所平壤，在今甘肅通謂西北）。

《風俗通》夷姓，東夷朝那有那氏。

又大宛國之破落那氏，改為那氏。

《漢書》燒當羌有那氏。

複姓：那色波氏、那蔞氏、那羅氏。

那色波氏，《唐書》康國九姓，皆支庶分王，第九四：那色波氏。

那蔞氏，《魏書官氏志》後魏時代，北姓，後改為蔞氏。

那羅氏，《唐書》天竺國人之姓。

又，ná上聲，《廣韻》、《正韻》奴可切，《集韻》乃可切，太音：娜，

ㄋㄚˊ。《集韻》：何也。《五篇》：俗言那事。

又，nǎ去聲，《廣韻》奴簡切，《集韻》、《韻會》、《正韻》乃簡切，太音：哪，ㄋㄚˇ。語助也。《後漢書・韓康傳》：公是韓伯休那？杜甫詩：杖藜不睡誰能那？

又，nǔ叶奴故切，音：怒，ㄋㄨˋ。陸雲《陸丞相誅》：改容肅至，傾蓋寵步。擊帶翻紛，珍裘阿那。

按：那，《說文》：本作〝邗〞，俗作〝邪〞，《五篇》：邾，同〝那〞。《字彙補》：𨙻，同〝那〞。

心部：Xīn，音：ㄒ一ㄣ

惢：心部八畫

音：fǎn《海篇》音：反，ㄈㄢˇ

義：未詳

惢：心部十二畫

音：suǒ《廣韻》蘇果切，《集韻》摸果切

太音：瑣，ㄙㄨㄛˇ

義：《說文》：惢，心疑也，从三心。

又，zuǐ《廣韻》才捶切，《集韻》蕊
橤切，䖏音：種，ㄗㄨㄟˇ。義同。

又，ruǐ《精薀》如累切，《正譌》乳
捶切，音：蕊，ㄖㄨㄟˇ。華惢也，从
三心，象形。別作"蘂"、"蘃"，
俗作"蕋"、"蕊"、"蘂"，䖏非
。又，祀名。《管子·輕重篇》：秋
至禾熟，天子祀大惢。

又，zuì《廣韻》姊宜切，《集韻》津
垂切，䖏音：厜，ㄗㄨㄟˋ。《廣韻》
：善也。

戈部：gē，音：ㄍㄜ

戔：戈部八畫，《廣韻》：通作"殘"。

音：cán《唐韻》昨干切，《集韻》、《韻
會》財干切，《正韻》財難切，䖏音
：奴，ㄘㄢˊ

義：《說文》：戔，賊也。从二戈，會意
。《廣韻》：傷也，二戈疊加，有賊
傷之象。通作：殘。

又，jiān《集韻》、《韻會》兹將先切，音：箋，ㄐㄧㄢ。"戔戔"，淺小之意。《易·賁卦》：束帛戔戔。

又，jīn《字彙補》宗親切，音：津，ㄐㄧㄣ。劉孟陽《碑銘》：有父子，然後有君臣，理財正辭，束帛戔戔。

又，chǎn《集韻》楚限切，音：剗，ㄔㄢ。擣傷也。

又，chuǎn 揣綰切，音：憐，ㄔㄨㄢ。義同。

又，jiǎn 子淺切，音：翦，ㄐㄧㄢ。少意。

又，jiàn 在演切，音：踐，ㄐㄧㄢ。狹也。《周禮·冬官·鮑人》：自急者先裂，則是以博爲帴。《註》：鄭云：讀爲羊豬戔之戔。《說文》：音"踐"。

又，zhǎn 旨善切，音：膳，ㄓㄢ。賊也。

又，piàn 匹見切，音：片，ㄆㄧㄢ。

狹少之意，劉昌宗説。

戔：戈部十六畫，《集韻》：誖，古作戔字

音：bó《唐韻》、《正韻》蒲没切、《集

韻》蒲没切，茲音：勃，ㄅㄛˊ

義：《集韻》：誖，古作"戔"字。

《説文》：誖，亂也。从言，孛聲。

戔，籀文"誖"，从二或。段玉裁《

注》：兩國相違，舉戈相向，亂之意

也。《唐韻》：言亂。《史記·三王

世家》：儒者稱其術，或誖其心。《

前漢書·禮樂志》：四達而不誖。《

唐書·廬江郡王傳》：李瑗誖亂諸君

，皆為註誤。

又，惑也。《前漢書·司馬遷傳》：

愍學者不達其意而師誖。師古《註》

：各習師法，惑于所見。

又，乖也。《前漢書·王商傳》：誣

罔誖大臣節。師古《註》誖，乖也。

又《廣雅》癡也。《玉篇》：逆也。

又秘《集韻》分物切，音：弗，ㄈㄨˊ

。又bèi《廣韻》、《集韻》蒲昧切，《韻會》蒲妹切，《正韻》步昧切，茲音：佩，ㄆㄟˋ。又bèi《廣韻》、《集韻》茲補妹切，音：背，ㄅㄟˋ。義茲同。

又，fèi《集韻》方未切，音：沸，ㄈㄟˋ。惽也。

按：戆，籀文"誖"字。《說文》：或作"悖"。《集韻》：或作"哱"、"咈"、"懯"、"憲"。《韻會》：通作"薄"。《韻會小補》：又作"怫"。

戶部：hù，音：ㄏㄨˋ

卯：戶部八畫，《說文》：本"卯"字。

音：mǎo《唐韻》、《集韻》、《韻會》、《正韻》茲莫飽切，音：昴，ㄇㄠˇ

義：《說文》：本"卯"字。卯，冒也。二月萬物冒地而出，象開門之形，故二月為天門。徐曰：二月陰不能制，陽冒而出也，天門萬物畢出也。

又《廣韻》：辰名。《爾雅‧釋天》
：歲在卯曰單閼。《晉書‧樂志》：
卯，茂也。謂陽氣生而孳茂也。
《韻會》俗作"夘"，非。

丣，《說文》"卯"本字，與"戼"
字上畫連者有別，戼，音：酉，一ㄡˇ
，《六書正譌》：戼，闢戶也。从二
戶，象門兩闢形。因聲借為寅卯字，
為日出物生之象。

戼：戶部八畫
　音：mǎo《字彙補》莫飽切，音：卯，ㄇㄠˇ
　義：《字彙補》：闢戶也。
　按：即"戼"字之譌。

戸：戶部八畫
　音：yǐ《川篇》音：抑，一ˇ
　義：未詳

扉：戶部十畫，《集韻》：與"店"同。
　音：diàn《廣韻》徒玷切，《集韻》、《
　　　正韻》徒點切，《韻會》徒忝切，太
　　　音：簟，ㄉ一ㄢˋ

義：《集韻》：尸牲也，或作"非"。
　韓愈《進學解》：根闈戶楔。
　又，diàn《集韻》徒念切，音：磹，
　ㄉㄧㄢˋ。所以止動也。《顏氏家訓》
　：與"扊"通。

扅：戶部十二畫
音：xū《龍龕手鑑》音：虛，ㄒㄩ
義：未詳

靈：戶部十四畫，《字彙補》古文"靈"字
音：líng《唐韻》、《集韻》、《韻會》
　太郎丁切，音：鈴，ㄌㄧㄥˊ
義：《字彙補》：古文"靈"字。
　《玉篇》：神靈也。《大戴禮》：陽
　之精氣曰神，陰之精氣曰靈。《書・
　泰誓》：惟人萬物之靈。《傳》：靈
　，神也。《詩・大雅》：以赫厥靈。
　又《大雅・靈臺傳》：神之精明者曰
　靈。《詩經今注》：赫，借為訴，告
　也。靈，巫也。此句言后稷下生後，
　姜嫄把這件事告訴巫者，請巫占卜。

靈臺、臺名。故址在今陝西西安西北
。靈臺是那代周王所建，無法確定。
又《詩‧鄘風》：靈雨既零。《詩經
今注》：靈雨，好雨。零、落也。《
箋》：靈，善也。

又《廣韻》：福也。

又《廣韻》：巫也。《楚辭‧九歌》
：思靈保兮賢姱。

又〞靈氛〞、古之善占者。屈原《離
騷》：欲從靈氛之吉占兮。

又《周禮‧地官‧鼓人》：以靈鼓鼓
社祭。《註》：靈鼓、六面鼓也‧

又《禮‧檀弓》：塗車芻靈。《註》
：芻靈，束茅為人。

又《左傳‧定九年》：載蔥靈。《註
》：蔥靈，輜車名。

又《楚辭‧天問》：曜靈安臧。《註
》：曜靈，日也。又，揚雄《羽獵賦
》：上獵三靈之旒。《註》：如淳曰
：三靈，日月星垂象之應也。

又《廣韻》：寵也。

又《禮·禮運》：何謂四靈？麟、鳳、龜、龍。《爾雅·釋魚》：二曰靈龜。《註》：即今蠵蟕龜，一名靈蠵，能鳴。《史記·龜筴傳》：下有伏靈，上有兔絲。

又《諡法》：亂而不損曰靈，不勤成名曰靈，死而志成曰靈，死見神能曰靈，好祭鬼怪曰靈，極知鬼神曰靈。

又，州名。《史記·匈奴傳》：丁靈。《註》：《魏略》云：丁靈，在康居北。《後漢書·西羌傳》：擊零昌於靈州。《韻會》：魏武置靈州，取靈武縣。

又，姓。《廣韻》：《風俗通》云：齊靈公之後，或云：宋公子靈圍龜之後。《姓氏考略》：靈，《姓考》古有靈國，舜七友有靈甫，為其後。《路史》姜姓後有靈氏。《辯證》宋公子圍龜字子靈，其後不緩為左師，以王父字為氏。《左傳》晉有靈輒。望出河南（治所雒陽，在今河南洛陽市東北）。又，靈姑。越王餘善後有靈姑氏。《左傳》靈姑浮以戈擊闔閭，傷將指。

又，lián 叶靈年切，音：連，ㄌㄧㄢˊ《道藏歌》：冥化自有數，我真法自然。妙曲發空洞，宮商結仙靈。

按：靈，《說文》：本作"霝"，《字彙補》：古文"舲"字。

手部：shǒu，音：ㄕㄡˇ

　㧬：手部八畫

　音：gǒng《唐韻》居竦切，《集韻》古勇切，达音：拱，《ㄨㄥˇ

　義：與"収"、"廾"同。《說文》：㧬，揚雄說廾，从兩手。

　又《古文奇字》："㧬"，古"友"字。

按：《說文》又部："𠦪"字為友，朱氏因其形似而譌指也。

掱：手部十二畫

音：shǒu《標準學生字典》音：手，ㄕㄡˇ

pá《新華字典》音：扒，ㄆㄚˊ

shǒu《東方國語辭典》音：ㄕㄡˇ

shǒu《辭海》讀如手，ㄕㄡˇ

pá《現代漢語詞典》音：扒，ㄆㄚˊ

義：《標準學生字典》：偷取他人財物的

人，叫"扒掱"，亦作：扒手。

《新華字典》：掱手。從別人身上竊

取財物的小偷兒。現通常作：扒手。

《東方國語辭典》：掱，三隻手，即

"扒手"，亦作：掱手。

《辭海》：俗謂竊賊曰扒手，亦作：

扒掱。

《現代漢語詞典》扒手，亦作：掱手

案：掱，音同手。扒掱，亦稱：三隻手，

像指以偷取他人錢財為業的人。

斤部：jīn，音：ㄐㄧㄣ

斫：斤部八畫

音：yín《廣韻》語斤切，《集韻》魚斤切

，太音：垠，一ㄣˊ

義：《説文》：斦，二斤也。

《增韻》：砧也。

按：《六書本義》：與＂劗＂＂鑕＂同。

日部：ri，音：日ˋ

朙：日部八畫

音：xuān《集韻》許元切，音暄，ㄒㄩㄢ

義：《集韻》：明也。

晶：日部十二畫，《集韻》：或作＂晟＂。

音：jing《唐韻》子盈切，《集韻》、《

韻會》咨盈切，太音：精，ㄐㄧㄥ

義：《説文》：晶，精光也，从三日。

宋之問《詩》：八月涼風天氣晶。

又＂晶晶＂，光也。歐陽詹《秋月賦

》：晶晶盈盈。又，方岳《詩》：江

樹曉晶晶。

《通雅》：古＂精＂、＂晶＂通。《

易林》：陽晶隱伏，即＂陽精＂。《

讀書通》：水精，即＂水晶＂。

按：《集韻》：晶，或作：晟，精光也。

伷：日部十二畫，《字彙補》：與＂明＂同

音：míng《廣韻》武兵切，《集韻》、《韻會》、《正韻》眉兵切，太音：鳴，ㄇㄧㄥˊ

義：《字彙補》：伷，與＂明＂同。

《說文》：明，照也。《易‧繫辭》：日月相推，而明生焉！《又》：縣象著明，莫大乎日月！《疏》：日月中時，徧照日月，無幽不燭，故云明。《史記‧曆書》：日月成，故明也。明者，孟也。

又《易‧乾卦》：大明終始。《疏》：大明，曉乎萬物終始。

又《易‧乾卦》：天下文明。《疏》：有文章而光明。

又《書‧堯典》：欽明文思安。《疏》：照臨四方，謂之明。

又《書‧舜典》：黜陟幽明。《傳》：升進其明者。

又《書‧太甲》：視遠惟明。《疏》

：謂監察是非也。又《洪範》：視曰明。《傳》：必清審。

又《詩‧小雅》：祀事孔明。《詩經今注》：明，讀為孟。《爾雅‧釋詁》："孟，勉也。"即勤勉。《箋》：明，猶備也。

又《詩‧大雅》：明明在下。《詩經今注》：明明在下，指上帝監察下士是很明亮的。《傳》：明明，察也。《爾雅‧釋詁疏》明明，言甚明也。

又《禮‧檀弓》：其曰明器，神明之也。

又《禮‧禮運》：故君者所明也。《疏》：明，猶尊也。

又《禮‧樂記》：作者之謂聖，述者之謂明。《疏》明者，辨說是非也。

又《韓非子‧難三篇》知微之謂明。

又《廣韻》：昭也，通也。

又，星名。《詩‧小雅》：東有啟明。《詩經今注》：啟明，即金星，日出前出現在東方。《傳》：日旦出，謂明星為啟明。又《小雅》：明發不寐。《詩經今注》：明發，天亮。《疏》：言天將明，光發動也。又《正字通》：凡厥明質明，皆與"昧爽"義同。

又，姓。《姓氏急就篇》：《明氏公集》有平原明普，晉荀晞從事明預。《姓氏考略》：明氏，《姓苑》秦孟明視之後。一云：燧人四佐有明由，明姓始此。望出平原（治所在今山東平原縣西南）、河南（治所雒陽，在今河南洛陽市東北）。又《魏書官氏志》：後魏壹斗眷氏，改為明氏。

又，與"盟"同。《詩·小雅》：不可與明。《詩經今注》：明，借為盟。不可與盟，指不能與之訂立約言。《箋》：明，當為盟。

又，與"孟"同。《周禮·夏官·職方氏註》：望諸明都也。《釋文》：

明都，《禹貢》作：孟豬，今依《書》讀。

又《前漢書・地理志》：廣漢郡葭明。《註》：師古曰：明音：萌。

又《韻補》叶謨郎切。《書・益稷》：元首明哉！股肱良哉！庶事康哉！《楚辭・九歌》：暾將出兮東方，照吾檻兮扶桑。撫余馬兮安驅，夜皎皎兮既明。

又，叶彌延切。《道藏歌》：觀見學仙客，蹊路放炎烟。陽光不復朗，陰精不復明。

䚰：日部十六畫

音：Xin，中國北方口語，念：心，ㄒㄧㄣ

義：未詳

案：中國北方土地廟，昔嘗見有聯語：

上聯：日明晶䶯安天下

下聯：月朋朤䶶定乾坤

橫披：風調雨順

若作〞日月明䚰〞更神妙

舃：日部十六畫，《字彙補》：與"舄"同
　　音：xì《廣韻》、《集韻》、《韻會》、
　　《正韻》夶思積切，音：昔，丁一ˋ
　　義：《字彙補》：舃，與"舄"同。
　　《博雅》：舃，履也。《釋名》：複
　　其下曰舃。舃，臘也。行禮久立地，
　　或泥濕，故複其末下，使乾臘也。《
　　古今注》：舃以木置履下，乾臘，不
　　畏泥濕也。天子赤舃。《詩·豳風》
　　：赤舃几几。《詩經今注》：舃（音
　　：戲），鞋。几几，彎曲貌。《傳》
　　：赤舃，人君之盛履也。又《小雅》
　　：赤芾金舃。《註經今注》：赤芾（
　　音：扶），紅色蔽膝。舃（音：戲）
　　，鞋。是以"赤芾金舃"代表貴族。
　　《註》：舃，達履也。《疏》：履之
　　最上達者也。舃有三等，赤舃為上，
　　冕服之舃。下有白舃、黑舃。《左傳
　　·桓二年》：帶裳幅舃，衡紞紘綖，
　　昭其度也。《註》：舃，複履。《疏

》：謂其槁下也。

又，大貌。《詩·魯頌》：松桷有舄
。《詩經今注》：桷（音：覺），方
的椽子。舄（音：戲），大貌。《傳
》：舄，大貌。

又，班固《典引》：舄奕乎千載。《
註》：舄奕，光曜流行貌。

又，草名。《爾雅·釋草》：馬舄，
車前。《疏》：馬舄，一名車前，一
名當道。《莊子·至樂篇》：生於陵
屯，則爲陵舄陵舄。得鬱栖，則爲烏
足。《註》：陵屯，阜也。言物因水
成西陵塵，生於陵屯，化作車前，改
名陵舄也。一名澤舄。隨燥濕變也。

又，與〞碣〞同。何晏《景福殿賦》
：五舄承跋。《註》：舄與碣同。《
廣雅》曰：碣，礩也。言以五礩承柱
之跋也。

亦與〞潟〞同。《前漢書·溝洫志》
：終古舄鹵兮生稻粱。《註》：師古

曰：鳥鹵，即斥鹵也。謂鹹鹵之地也。王融《策文》：鳥鹵可腴。

又，què《廣韻》、《正韻》七雀切，《集韻》七約切，茲與"鵲"同。鳥名，《說文》：舄，誰也。誰，篆文"舄"从隹，昔（昔聲也）。誰，隸變从鳥。今"鵲"行，而誰罕見。

又，tuō《集韻》闥各切，音：託，ㄊㄨㄛ。大貌。《詩》"松桷有舄"徐貌讀。

又，què《韻補》履舄，亦叶音：鵲，ㄑㄩㄝ。陸雲《逸民賦》：相彼宇宙，方之委舄。夫豈不休而好是沖漢。《註》：委舄，猶棄屣也。

　按：《集韻》：本作"鞜"。

䏏：日部十六畫，《篇韻》作"䏖"。

　音：lǎng《字彙補》音：朗，ㄌㄤˇ

　義：《字彙補》：出《西江賦》

　案：《篇韻》作"䏖"，參見詮釋。

䏮：日部十六畫

音：cóng《篇韻》音：從，ㄘㄨㄥˊ

義：未詳

朁朁：日部三十六畫

音：chǔn《字彙補》音：蠢，ㄉㄨㄣˇ

義：未詳

月部：yuè，音：ㄩㄝˋ

朋：月部八畫

音：péng《唐韻》步崩切，《集韻》、《韻會》蒲登切，音音：鵬，ㄆㄥˊ

義：《易·坤卦》：西南得朋。《註》：與坤同道者也。《疏》：凡言朋者，非惟人為其黨，惟行相同，亦為其黨。《書·洛誥》：孺子其朋。《傳》：少子慎其朋黨。

又《易·兌卦》：君子以朋友講習。《疏》：同門曰朋。《周禮·地官·大司徒》：聯朋友。《註》：同師曰朋。

又《書·益稷》：朋淫于家。《傳》：朋，群也。

又《易·損卦》：或益之十朋之龜。《詩·小雅》：錫我百朋。《詩經今注》：錫，賜。朋，古代以貝殼為貨幣，五貝為一串，兩串為一朋。《傳》：五貝為朋。《前漢書·食貨志》：元龜岠冉，長尺二寸，直二千一百六十，為大貝十朋。《註》：蘇林曰：兩貝為朋，朋直二百一十六，元龜十朋，故二千一百六十也。

又，兩尊曰朋。《詩·豳風》：朋酒斯饗。《詩經今注》：朋酒，兩壺酒。饗，以酒食款待人。

又，姓。《奇姓通》：宋有朋水，朋山。《姓氏考略》：朋，《姓考》齊大夫隰朋之後。

又《韻補》叶蒲蒙切。劉楨《魯都賦》：時謝節移，和族綏宗。招歡合好，肅戒友朋。

又，叶蒲光切。陳琳《大荒賦》：王父蟠焉白首兮，坐清零之爽堂。

　　　　塊獨處而無疇兮，願揖子以為朋。

按：《說文》古〝鳳〞字註：翔，古文鳳
　　，象形。鳳飛群鳥從以萬數，故以為
　　朋黨字。

晶：月部十二畫

　音：jīng《篇海類編》音：晶，ㄐㄧㄥ

　義：未詳

朖：月部十六畫，《字彙補》：音義與朗同

　音：lǎng《唐韻》盧黨切，《集韻》、《
　　韻會》、《正韻》里黨切，达音：郎
　　，上聲，ㄌㄤˇ

　義：《字彙補》：音、義、與〝朗〞同。
　　出《西江賦》。

　　《說文》：朖，明也。从月，良聲，
　　今字作〝朗〞。

　　《佩觿集》：朖，本〝朗〞字。

　　又《集韻》：朗，同〝朖〞。

　　《詩‧大雅》：高朗令終，《詩經今
　　注》：高朗，高明。令，善也。令終
　　，好結果。《傳》：朗，明也。

又，姓。《廣韻》：出《姓苑》。

朗氏，《姓氏考略》一云：以朗州為氏，亦或"郎"姓所改。望出滎陽（今屬河南）。

又《韻補》叶盧當切。王逸《九思》：昊天兮清涼，玄氣兮高朗。

北風兮潦冽，草木兮蒼黃。

案：今四川"大佛洞"，洞口有聯語：

上聯：日日晶晶

下聯：月朋膒朤

橫披：厭

今注：日月明（明心見性）

木部：mù，音：ㄇㄨˋ

林：木部八畫

音：lín《唐韻》力尋切，《集韻》、《韻會》犁針切，《正韻》犁沈切，茲音：臨，ㄌㄧㄣˊ

義：《説文》：平土有叢木曰林。徐曰：叢木，故從二木。平土，故二木齊。《詩·小雅》：依彼平林。《詩經今注》：依，茂盛貌。

又，野外謂之林。《詩‧周南》：施于中林。《詩經今注》中林，林中。

又，山木曰林。《穀梁傳‧僖十四年》：林屬于山曰麓。

又《周禮‧地官‧林衡》註：竹木曰林，水衡曰衡。

又《爾雅‧釋詁》：林君也。

又，盛貌。《詩‧小雅》：有壬有林。《詩經今注》：有，通”又”。壬，大也。林，盛貌。是言百禮又大又多耶。

又”林鐘”，律名。《禮‧月令》：季夏之月，律中林鐘。《周禮》：作”函鐘”。

又”羽林”，星名。應劭曰：天有羽林，大將軍之星也。林喻若林木，羽翼鷙擊之意，故以名武官。《前漢書‧宣帝紀》：取從軍死事者之子，養為羽林軍，號羽林軍孤兒。

又"綠林"，荊州山名。《後漢書．劉元傳》：諸亡命，集于綠林。

又，姓。《姓譜》：殷比干後，避難長林山，因氏。又平王世子林開之後，望出南安。

《姓氏考略》：林，引《路史》殷比干子，避難長林山。《風俗通》林放之後。《姓纂》周平王次子林開之後，望出南安（治所在今甘肅隴西縣東北）。

《魏書官氏志》丘林氏，改為林氏。

又《開元錄》今建州皆蛇種，有五姓：黃、林、------，是其裔。

按：《說文》："林"自為部，"棼"、"楚"等字从之，今併入（木部）。

棗：木部十二畫，古文"枣"、"朿"字。

音：zǎo《唐韻》、《集韻》、《韻會》太子皓切，音：蚤，ㄗㄠˇ

義：《說文》：果名，羊棗也，从重朿。

《小爾雅》：棘實謂之棗。《埤雅》

：大者棗，小者棘。于文丝束為棘，
重束為棗。蓋棗性重喬，棘則低矣。
又《儀禮·士昏禮》：婦摯，舅用棗
栗。《疏》：以早自謹飭為義。棗，
早也。栗，肅也。《聘禮》：夫人勞
擯，使下大夫勞以二竹簋兼執之以進
。《註》：右手執棗，左手執栗。《
疏》：棗美，故用右手也。
　又〝酸棗〞，地名。《前漢書·地理
志》：屬陳留郡（今河南開封境內）。
又，姓。出潁川。棘子成後，避仇改
為〝棗〞。《姓氏考略》：棗，列《
文士傳》本〝棘〞姓，衛大夫棘子成
後，避難改焉。望出潁川（治所陽翟
，即今河南省禹縣）。

　按：〝棗〞、〝棘〞字，《說文》別立〈
朿部〉，今併入（木部）。

棘：木部十二畫
　音：jí《唐韻》、《集韻》、《韻會》丝
　　紀力切·音：殛，ㄐㄧˊ

義：《說文》：棘，小棗叢生者。从並朿，會意。《詩詁》：棘如棗而多刺，木堅、赤色、叢生，人多以為藩，歲久無刺，亦能高大如棗。木色白者為白棘，實酸者為樲棘，亦名酸棘。《詩·邶風》：吹彼棘心。《詩經今注》：棘，小棗樹。心，借為杺，一種叢木，又名樸樕。《疏》：棘木之難長養者。

又《爾雅·釋木》：終牛棘。《註》：即馬棘也，刺粗而長。

又，執囚之處為叢棘。《易·坎卦》：係用徽纆，寘于叢棘。《左傳·哀八年》：邾子無道，吳子囚諸樓臺，栫之以棘。

又，九棘，外朝也。《禮·王制》：史以獄成告于正，正聽之。正以獄成告于大司寇，大司寇聽之棘木之下。《註》：左九棘，孤卿大夫位焉。右九棘，公侯伯子男位焉。

又，與〞戟〞通。《禮·明堂位》：
越棘、大弓，天子之戎器也。《左傳
·隱十一年》：潁考叔挟輈以走。子
都拔棘而逐之。《周禮·天官·掌舍
》：棘門，《註》：以戟為門。

又，地名：壘棘、赤棘，春秋晋地。

又，藥名。《本草》：天門冬，一名
：天棘。

又，棘扈，鳥名。賈逵云：棘扈竊丹
，為果驅鳥者也。

又，與〞䩹〞通。《禮·王制》：四
夷西曰䩹。

又，姓。《論語》：棘子成。

棘氏，《姓氏考略》：引《文士傳》
棘祇，本姓：棘。衛大夫棘子成後。
一云：與〞革〞字通，棘子成，亦作
〞革子成〞。

又，春秋時代，齊、楚皆有〞棘〞邑
。或大夫食采，以邑為氏。

又，ji《唐韻》居里切，音紀，ㄐㄧ

又，ㄐㄧ《廣韻》居吏切，音：記，
ㄐㄧˋ。義，並同。

森：木部十二畫

音：sen《廣韻》所今切，《集韻》、《韻
會》、《正韻》疏簪切，並音：參，
或作"槮"，ㄙㄣ

義：《說文》：森，木多貌，从林从木。
潘岳《射雉賦》：蕭森繁茂。

又，盛也。潘岳《籍田賦》：森奉璋
以階列。

又，植也。《元包坤辭》丞森圉若。

又《周陵文類》：宋·杜曾詩：哀猿
藏森簧，渴鹿聽潺湲。《註》：森，
去聲，所禁切，音：滲。

案：森字，今義有名詞、形容詞，諸如：

名詞：森林，樹木眾多而密生的廣大
叢林。有原始林、人工林，又
分國有林、公有林、私有林。

形容詞：森森，樹木茂盛，林木森森。
森嚴，法律森嚴、戒備森嚴。

檕：木部十二畫

音：jìn《類篇》居蔭切，音：禁，ㄐㄧㄣˋ

義：《類篇》：承樽枝。

槑：木部十四畫，《玉篇》古文"梅"字。

音：méi《唐韻》莫杯切，《集韻》、《正
韻》模杯切，《韻會》謀杯切，茲音
：枚，ㄇㄟˊ。或作"槑"、"楳"，
亦作"槑"。

義：《玉篇》：古文"梅"字。
《說文》：槑，古文"某"，从口。
又《說文》：枏，梅也。从木井聲。
又《說文》：梅，枏也。可食，从木
每聲。《爾雅・釋木》：梅，枏。
陸璣《條梅疏》：似豫章大木也。又
《書・說命》：若作和羹，爾惟鹽梅
。《禮・內則》：梅諸。《名物疏》
：陸璣所釋有條有梅，自是枏木似豫
章者。豫章、大樹可以為棺舟者也。
和羹之梅，籩實之乾槑，似杏實酢者
也。

又《爾雅‧釋木》：時英梅。《註》：雀梅。

又《爾雅‧釋木》：朹梅。《註》：狀如梅子，赤色，似小奈，可食。

又《埤雅》：江湘兩浙四五月間梅欲黃落，則水潤土溽，蒸鬱成雨，謂之梅雨。《四時纂要》：閩人以立夏後逢庚入梅，芒種後逢壬出梅。

又 ”楊梅”，果名。《越郡志》：會稽楊梅為天下之奇。

又 ”梅梅”，猶 ”昧昧”，居喪之容也。《禮‧玉藻》：視容瞿瞿梅梅。

又，州名，屬廣東。《南宋‧地理志》：改敬州為梅州（今名梅州市）。

又，姓。《廣韻》：出汝南，漢‧梅福、梅銷。《姓氏考略》：梅，系出子姓。殷紂時有梅伯，後以國為氏，望出汝南（治所在今河南上蔡西南）。見《唐書世系表》

又 méi《集韻》母罪切，音：浼，ㄇㄟˇ

　　　　　。亦姓也。《魏志》：南蠻有梅姓。
　　　　　《舊唐書》：北狄奚酋長有梅姓。

棘：木部十四畫，《字彙補》：俗〝棘〞字
　音：jí，讀吉，上聲，ㄐㄧˇ
　義：《字彙補》：俗〝棘〞字。
　　　　　袁桷《七觀》：不棘不茨。
　案：參見〝棘〞字，詮釋。

橆：木部十六畫，《玉篇》古文〝無〞字。
　音：wú《唐韻》武扶切，《廣韻》武夫切
　　　　　，《集韻》、《韻會》、《正韻》微
　　　　　夫切，太音：巫，ㄨˊ
　義：《玉篇》：古文〝無〞字。
　　　　　《說文》：亡也。《玉篇》：不有也
　　　　　。《書·舜典》：剛而無虐，簡而無
　　　　　傲。又《益稷》：懋遷有無化居。
　　　　　又《爾雅·釋詁》：虛、無之閒也。
　　　　　《註》：虛、無，皆有閒隙。《老子
　　　　　·道德經》：萬物生于有，有生于無
　　　　　·周子《太極圖說》：無極而太極。
　　　　　又《禮·三年問》：無易之道也。《

註》：無，猶不也。

又，縣名。《前漢書・地理志》：越
巂郡會無縣（今四川會理縣治）。

又，姓。《正字通》：漢・無且明，
無能。《姓氏考略》：無，引《蕃姓
統譜》河南新鄭縣有無氏，當係無庸
、無忌、無鈞等氏所改。

又《廣韻》：漢・複姓：無庸、無鈞
，俱出自楚。參《姓氏考略》云：

無庸氏，《英賢傳》：楚・熊渠生無
庸，因氏。

無鈞氏，《潛夫論》：楚・蚡冒生蓮
章，為王子無鈞，氏焉。

又〝文無〞，藥名。《古今注》：相
別贈之以文無。文無，一名當歸。

又《說文》：無，奇字作〝无〞。《
五篇》：虛无也。《周易》：無字俱
作〝无〞。

又《集韻》：或作〝亡〞。《詩・邶
風》：何有何亡。《詩經今注》：亡

，通無。案《康熙字典》作《詩·衛風》，有誤。

又，通作〞毋〞。《書》〞無逸〞，《史記·魯世家》作〞毋逸〞。

又，通作〞毛〞。《後漢書·馮衍傳》：飢者毛食。《註》：《衍集》毛作無，今俗語猶然，或古亦通乎！《佩觿集》：河朔謂無曰毛。《通雅》：江楚、廣東，呼無曰毛。

又《集韻》：或作〞武〞。

又，梵言，〞南無〞呼〞那謨〞。那如拏之上聲，謨音如摩，猶云：歸依也。

按：《禮器》：詔侑武方。《註》：武當為無，聲之誤也。鄭《註》明言其誤，《集韻》合〞無〞、〞武〞為一，非。

《集韻》：無或作〞橆〞。《韻會》橆本古文蕃橆字，篆借為有無字，李斯變隸，變林為四點。

按《說文》"𣎴"从亡無聲，在《亡部》。至蕃𣚣之𣚣，在《林部》。音義各別，不云相通。且有無與蕃𣚣，義尤相反，不應偕用。《玉篇》、《韻會》俱非，《韻會》"蕃𣚣"作"蕃𣚣"，尤非。又按《讀書通》云：通作：勿、莫、末、沒、蔑、微、不、曼、瞀等字，或止義通，或止音近，實非一字也，《讀書通》誤。

𣚣：木部十六畫

音：lì《字彙補》林直切，音：力，ㄌㄧˋ

義：《字彙補》：木名，江南山東，名野棗，酸者曰"𣚣子"。

𣚣：木部十六畫

音：zāo《字彙補》則刀切，音：遭，ㄗㄠ

義：《說文》：一周天也。今作"遭"、螬。

𣚣：木部十六畫

音：chuǎ《字彙補》音：檊，ㄔㄨㄚˇ

義：《字彙補》：樹分杈。

檕：木部二十四畫，《集韻》與"棘"同。

案：音、義，參見"棘"字，詮釋。

㯤：木部二十四畫

音：yàn《五音篇海》音：厭，一ㄢˋ。又音：其，ㄑ一ˊ，亦讀：ㄐ一。

義：未詳

㯤：木部二十四畫

音：ruǎn《字彙補》音：耎，ㄖㄨㄢˇ

義：未詳

㯼：木部三十二畫

音：shā《五音篇海》音：殺，ㄕㄚ。又音：其，ㄑ一ˊ，亦讀：ㄐ一。

義：出《西江賦》

㯼：木部三十二畫

音：hū《字彙補》音：呼，ㄏㄨ

義：未詳

欠部：qiàn，音：ㄑ一ㄢˋ

欼：欠部八畫

音：qīn《集韻》去斤切，音：欽，ㄑ一ㄣ

義：《玉篇》：嚘也。

又，kēng《類篇》丘耕切，音＝硜，
丂ㄥ。欶也。

欨：欠部十二畫，古文〞欠〞字。

音＝qiàn《唐韻》、《集韻》、《韻會》
、《正韻》太去劒切，音＝謙，去聲
，ㄑㄧㄢˋ

義＝《說文》＝作〞兂〞，張口氣悟也。
象氣从儿（人）上出形。徐曰＝入欠
去也。悟，解也。氣壅滯欠去而解也
。韓愈《讀東方朔雜事詩》＝噫欠為
飄風。

又〞欠伸〞，疲乏之貌。入氣乏則欠
，體疲則伸。《禮·曲禮》＝侍坐于
君子。君子欠伸，侍坐者請出。亦作
〞欠申〞。《前漢書·翼奉傳》＝體
病則欠申動于貌。

又，不足也。韓愈《贈張籍詩》＝今
者誠自幸，所懷無一欠。

又，水名，在汝南。《水經注》＝沙
水東分為二水，一水東注，即〞注水

　　　　　”也，俗謂之＂欠水＂。

止部：zhǐ，音：ㄓ

　正：止部八畫，＂跙＂本字。

　　按：《正譌》：兩足相距不行也，从兩止

　　　　　上下，會意。參見＂跙＂字，詮釋。

　歨：止部八畫

　　音：zǒu《字彙補》子苟切，音：走，ㄗㄡˇ

　　義：《字彙補》：義闕。

　　按：此當即＂走＂字之譌。

　𣥚：止部八畫

　　音：qí《字彙補》具支切，音：岐，ㄑㄧˊ

　　義：《字彙補》：岐路也。

　歨：止部八畫

　　音：tà《唐韻》、《集韻》太他達切，音

　　　：撻，ㄊㄚˋ

　　義：《譀菁》：與＂少＂同。蹋也。

　　　《說文》：蹋也。从反止。轉注。本

　　　作＂少＂。

　　　又，與＂少＂別。《佩觿集》：少，

　　　申兆翻，不多也。少，他末翻，蹋也

。"步"字，从屮（少）。

又《集韻》：作"屴"。

案：步，造字之初，作"步"。《俗書正訛》：从少，反止也。从少，非也。

址：止部八畫，隸變作"癶"。

音：bō《唐韻》、《集韻》，太北末切，音：鉢，ㄅㄛ

義：《說文》：址，足剌址也。从止屮，凡"址"之屬皆从址。隸變作"癶"，讀若"撥"，ㄅㄛ。

《六書本義》：兩足張有所撥除也。

《元包經》：艮北癶癶。《傳》曰：兩人相背也。《註》：北，背也。

又，漸走之癶。《傳》曰：足有所行也。《註》：走，足也。癶，行也。

又《超群國語辭典》：癶，小篆書作"屾"，像左右兩腳腳趾並列貌。

《東方國語辭典》：癶，兩腳相背，向外偏而不順的樣子。

按：《字彙》：从二止相背，有分"癶"

之象，別作〝撥〞、〝蹳〞，非。

歮：止部十二畫，《字彙補》：與〝澀〞同

音：sè《唐韻》、《韻會》色立切，《集

韻》、《正韻》色入切，並音：濇，

ㄙㄜˋ

義：《字彙補》：與〝澀〞同。《漢婕為

楊君頌》：塗路歮難。

與〝澀〞同。《說文》：不滑也。《

風俗通・十反篇》：冷澀比于寒蜒。

又，牆疊石，作水文為澀浪。溫庭筠

詩：澀浪浮瓊砌。

又，竹名。范成大《桂海草木志》：

澀竹膚麤，澀如砂紙。

按：澀，異體字。《集韻》或作〝濇〞、

〝歰〞、〝澁〞。《字彙補》：〝涊

〞與〝澀〞同。

步步：止部十二畫，《字彙補》：與〝諸〞同

音：zhū《唐韻》、《廣韻》章魚切，《集

韻》、《類篇》、《韻會》、《正韻

》專於切，並音：渚，平聲，ㄓㄨ

義：《字彙補》：欪，與〝諸〞同。

《說文》：辯也。徐四：別異之辭。

《爾雅·釋訓》：諸諸，便便，辯也。《註》：皆言辭辯給也。

《玉篇》：非一也，皆言也。《正韻》：凡眾也。《書·舜典》：歷試諸難。《詩·邶風》：變彼諸姬。《史記·賈誼傳》：紛亂諸事。

《廣雅》：之也，於也。《穀梁傳·莊二十四年》：迎者，行見諸，舍見諸。《註》：諸，之也。《禮·射義》：射求正諸己。《註》：諸，猶於也。

《韻會》：語助辭。《詩·邶風》：日居月諸。《疏》：居、諸，語助也。《公羊傳·桓六年》：其諸以病恒與？《註》：其諸，辭也。《韻會》：有諸，疑辭。《孟子》：文王之囿，方七十里，有諸？

又，于諸，寘也。《公羊傳·哀六年

》：陳乞使人迎陽生，于諸其家。《
註》：齊人語也。

又〞諸侯〞，國君也。《易‧比卦》
：先王以建萬國親諸侯。

又，官名。《周禮‧夏官》：諸子。
《註》：主公卿大夫士之子者，或曰
庶子。

又，神名。《淮南子‧地形訓》：諸
稽，攝提條風之所生也。又〞諸比〞
，涼風之所生也。《註》皆天神名。

又〞囚諸〞，齊獄名。《公羊傳‧昭
二十一年》：宋南里者何若？曰：囚
諸者然。《註》：囚諸者，齊故刑人
之地。

又〞諸于〞，衣名。《前漢書‧元后
傳》：政君獨衣絳緣諸于。師古《註
》：諸于，大掖衣，即褂衣之類也。

又〞偏諸〞，衣緣也。《賈誼傳》：
為之繡衣絲履偏諸緣。師古《註》：
若今織成，以為要襻及褾領者。

《韻會》：方諸，鑑名。以取明水於月。

《釋名》：諸，儲也。藏以為儲，待給冬月用之也。《禮・內則》：桃諸、梅諸。《疏》：王肅云：諸，菹也。謂桃菹、梅菹，即今之藏桃、藏梅也。《周禮・天官・六飲》疏云：紀莒之間，名諸為濫。

又，草木名。《爾雅・釋木》：諸慮，山櫐。《註》：今江東呼櫐為藤，似葛而麤大。嵇含《南方草木狀》：諸蔗，一曰甘蔗，交阯所生者。

又，獸名。《山海經》：單張山有獸，狀如豹、長尾、人首、牛耳、一目，名曰諸犍。又敖岸山有獸，狀如白鹿、四角，名曰夫諸。

又，蟲名。《爾雅・釋魚》：蟾諸。《註》：似蝦蟆，居陸地，淮南謂之去蚖。一作"詹諸"。

又，山水名。《山海經》：諸餘之山

，諸餘之水出焉。

又，邑名。《春秋・莊二十九年》：城諸及防。《註》：諸、及，皆魯邑。《前漢書・地理志》：琅琊郡有諸縣。《註》：《春秋》城諸及鄆者。

又，澤名。《爾雅・釋地》：宋有孟諸。《疏》：一曰望諸，一曰孟豬。

又，姓。《說苑》：越大夫諸發。《唐書》：兵部侍郎諸道。

又，複姓。《漢書》：有諸葛豐。《三國志》：有諸葛亮。

又 zhě《廣韻》正奢切，《集韻》之奢切，竝音：遮，ㄓㄜ。亦姓也。《風俗通》：漢有洛陽令諸於。《何氏姓苑》：吳人。《南唐書・妖賊傳》：諸祐，蘄州獨木人。《註》：諸、音：查。《正字通》：六麻有諸姓，音：查。按：本作"語"，譌作：諸。語，本"詐"上聲，音：查，非。

又，chú《字彙》常如切，音稌，ㄔㄨˊ

• ＂詹諸＂，蝦蟆也。《六書正譌》：別作＂蟾蜍＂，非。

澀：止部十四畫

音：sè《唐韻》色立切，《集韻》色入切，竝音：濇，ㄙㄜˋ

義：《說文》：澀，不滑也，从四止。《玉篇》：難轉也。

又《博雅》：澀，吃也。揚子《方言》：譅極，吃也。楚語也，或謂之軋，或謂之澀。郭《註》：語澀難也。

又《六書故》：水潤行難謂之澀，味苦澀亦謂之澀。

又、shà《集韻》色甲切，音：箑，ㄕㄚˋ。與＂翣＂同。棺羽飾也。《周禮·天官》：縫人衣翣柳之材。《註》：翣柳作接檟。鄭司農云：接讀為＂澀＂，檟讀為柳，皆棺飾。《檀弓》曰：周人牆置翣。《春秋傳》曰：四澀不蹕。今《左傳》澀作翣。

按：《說文》：从四止。徐鉉曰：四皆止

、故為澀，當作：澀。經典作澀。《
集韻》：或作"澁"、"泟"、"濇
"。詳〈水部〉"澀"字註，參見"
泟"字‧詮釋。

歹部：dǎi，音：ㄉㄞˇ

殀：歹部八畫，古文"布"字。

音：chuǎn《字彙》昌兗切，音喘，ㄔㄨㄢˇ

義：《字彙》殘也，盡也。又，對臥也。
一說：古"布"字。《六書略》：高
貨布字，作"殀"。

bù《唐韻》、《集韻》、《韻會》、
《正韻》太太博故切，音：怖，ㄅㄨˋ
《說文》：布，枲織也。从巾父聲，
隸變作"布"。《廣韻》：布，帛也
。《小爾雅》：麻、紵、葛曰布。《
釋名》：布，布也，布列眾縷為經，
以緯橫成之也。又，太古衣皮，女工
之事始于是，施布其法度，使民盡用
之也。《易‧說卦》：坤為布。《詩
‧衛風》：抱布貿絲。《傳》：布，

幣也。《疏》：此布幣，謂絲麻布帛之布。幣者，布帛之名。《左傳·閔二年》：衛文公大布之衣。

又，泉也。《周禮·天官·外府》：掌邦布之出入。《註》：布，泉也，其藏曰泉，其行曰布。《前漢書·食貨志》：布貨十品：大布、次布、弟布、壯布、中布、差布、厚布、幼布、玄布、小布。《註》，師古曰：布，亦錢耳，謂之布者，言其分布流行也。

又《廣雅》：布，施也。《莊子·列禦寇》：施于人而不忘，非天布也。
又《玉篇》：陳列也。《書·康王之誥》：諸侯入應門右，皆布乘黃朱。《傳》：皆陳四黃馬朱鬣，以為庭實。《左傳·昭十六年》：僑若獻玉，不知所成，敢私布之。《註》：布，陳也。

又《廣雅》：布，散也。《左傳·襄

三十年》：皆自朝布路而罷。《註》
：布路，分散。

又《爾雅·釋天》：祭星曰布。《註
》：布，散。祭於地。

又《廣雅》：布，班也。

又，草名。《爾雅·釋草》：布似布
，帛似帛，華山有之。《註》：草葉
中有象布帛者，因名。

又，藥名。《本草集解》：昆布，亦
名綸布，生南海。葉如手大似薄葦，
紫赤色。

又，金布，書名。《前漢書·蕭望
之傳》：《金布令甲》。《註》：師
古曰：金布者，令篇名也。其上有府
庫金錢布帛之事，因以篇名。

又，懸泉激流曰瀑布。孫綽《天台賦
》：瀑布飛流以界道。

又，露布。《續博物志》：露布
，捷書別名。以帛書揭之於竿，欲天
下知聞也。

又，姓。《晉書‧陶侃傳》：江夏布
興。《姓氏考略》：布，西羌有此姓
，引《風俗通》趙有布子，善相馬。
望出江夏（治所安陸，即今湖北省雲
夢縣）。

又，唐‧龜茲王姓布，名：失畢。

又複姓，《史記‧趙世家》：姑布子
卿。《註》：司馬彪曰：姑布，姓。
《姓氏考略》：姑布，引《史記》春
秋時晉有姑布子卿，善相，望出東平
（治所無鹽，在今山東東平東）。

又，與"尃"通。《史記‧司馬相如
‧上林賦》：尃結縷。《註》：徐廣
曰：尃，古布字。《漢書》作：布。

毋部：wú，音：ㄨˊ

毌：毋部十畫，古文"躥"字。

音：fán《唐韻》附袁切，《集韻》符袁切
，《正韻》符艱切，𠀤音：煩，ㄈㄢˊ

義：《字彙補》：古文"躥"字，見《韻
會小補》。

《說文》作：番，獸足也。《左傳‧文元年》：食熊蹯。《註》：熊掌。《類篇》：亦作"躢"、"𤙕"、"𩫩"。

又，𤚔《集韻》符分切，音：汾，ㄈㄣˊ。義同。

又《韻補》叶汾沿切，曹植《名都篇》：歸來燕平樂，美酒斗十千。膾鯉臇胎鰕，炮鱉炙熊蹯。今注：熊蹯，俗稱"熊掌"也。

比部：bǐ，音：ㄅㄧˇ

比：比部四畫，古文作"夶"、"𣬅"。

音：bǐ《廣韻》卑履切，《集韻》、《韻會》補履切，《正韻》補委切，夶音：匕，ㄅㄧˇ

義：《廣韻》、《集韻》、《韻會》、《正韻》：校也，夶也。《周禮‧天官》：凡禮事贊小宰，比官府之具。《註》：比校次之，使知善惡足否也。《儀禮‧大射儀》：遂比三耦。《註

》：比，校也。《齊語》：比校民之有道者。

又，類也，方也。《禮‧學記》：比物醜類。《疏》：謂以同類之事相比方，則學乃易成。《韓詩外傳》：高比所以廣德也，下比所以挾行也。比於善自進之階，比於惡自退之原。

又《詩》有〞比〞體。《毛詩序》：詩有六義：一曰風，二曰賦，三曰比，四曰興，五曰雅，六曰頌。鄭司農云：比者，比方於物，諸言如者，皆比詞也。比之與興，同附託外物，比顯而興隱。

又，比例。《禮‧王制》：必察小大之比以成之。鄭《註》：已行故事曰比。比，例也。《後漢書‧陳忠傳》：父寵在廷尉，上除漢法溢於甫刑者，未施行，寵免。後忠略依寵意，奏上三十三條，為決事比。《註》：比，例也。

又，綴輯書史曰比。《前漢書·儒林傳》：公孫弘比輯其義。《唐·藝文志》：玄宗命馬懷素為修圖書使，與褚無量整比。

又，謚法之一。《左傳·昭二十八年》：擇善而從之曰比。《詩·大雅》：王此大邦，克順克比。《註》：比，必里反。《正義》引服虔云：比方損益古今之宜而從之也。

又，"比部"，官名。取校勘亭平之義，即今刑部。《正韻》音：皮，誤。

又，水名。《前漢書·地理志》：南陽郡有比陽縣。應劭曰：比水所出東入蔡。

又，pí《集韻》、《正韻》赱普弭切，音：諀，ㄆㄧˇ。與"庀"同。治也，具也。《周禮·春官》：大胥比樂官。《註》：錄具樂官也。與"庀"通。

又，bi《廣韻》、《韻會》毗至切，

《集韻》二毗義切，《正韻》毗義切，达音二避，ㄅㄧˋ

《爾雅·釋詁》二比，備也。郭《註》二備猶輔。《易·比卦象辭》二比，輔也，不順從也。《卜氏傳》二地得水而柔，故曰比。

又，親也，近也。《周禮·夏官》二形方氏使小國事大國，大國比小國。《註》二比，猶親也。

又，和也。《周禮·春官》二人辨九篜之名，六曰巫比。《註》二巫，讀為筮，比謂筮與民和比也。

又，近鄰之稱。《周禮·地官》二五家為比，使之相保。五比為閭，使之相受。

又，案比。《周禮·地官》二小司徒掌九比之數，乃頒比法於六鄉之大夫，及三年則大比。又，鄉大夫大比，考其德行道藝，而興賢者能者。《疏》二三年一閏，天道有成，故每至三年則大案比。

又，及也。《詩·大雅》：比于文王，其德靡悔。《註》：比于，至于也。《史記·高祖紀》：有度比至皆亡之。

又，頻也。《禮·王制》：比年一小聘。《漢志》：比年，猶頻年也。又比比，猶言頻頻。《前漢書·成帝紀》：郡國比比地動。

又，並也。《書·牧誓》：比爾干。《正義》：楯則並以扞敵，故言比。《史記·蘇秦傳》：騎不得比行。今註：比，並也。並亦作：并、並。

又，齊也。《詩·小雅》：比物四驪。《註》：比物，齊其力也。

又，偏也，黨也。《書·洪範》：人無有比德。《正義》：人無阿比之德，言天下眾民盡得中也。《論語》：君子周而不比。鄭《註》：忠信為周，阿黨為比。

又，從也。《論語》：義之與比。朱《註》：比，從也。《晉語》：事君者，比而不黨。《註》：比謂比義。又，合也。《禮·射儀》：其容體比於禮，其節比於樂。《註》：比，親合也。漢·劉歆《移太常博士書》：比意同力，冀得廢遺。師古《註》：訓"合"。

又，密也。《詩·周頌》：其比如櫛。《詩經今注》：比，密也。櫛，今名：篦子。是言莊稼埰密密地排列如篦齒一般。《說文》：比，密也。

又"比余"，櫛髮具。《史記·匈奴傳》：漢文帝遺單于比余。《漢書》作"比疏"。《廣雅》：比，櫛也。《蒼頡篇》：靡者為比，麤者為疏。今亦謂之梳。顏師古《急就篇註》：櫛之大而麤，所以去蟣蝨者謂之比，言其齒密比也，皆因其體以立名。

又，矢括曰比。《周禮·考工記》：

矢人爲矢，夾其陰陽以設其比，夾其
比以設其羽。鄭司農《註》：比，謂
〞括〞也。

又，揚子《方言》：比，代也。

又，bǐ《廣韻》、《集韻》、《韻會
》丛必至切，音：畀，ㄅㄧˋ。近也，
併也，密也。義同。

又，bǐ《正韻》矣媚切，音：秘，
ㄅㄧˋ。先也。《禮·祭義》：比時具
物，不可以不備。鄭《註》：比時，
猶先時也。比，必利反。又甫至反。

又，pí《廣韻》房脂切、《集韻》、
《韻會》頻脂切，《正韻》蒲麋切，
丛音：毗，ㄆㄧˊ。

和也。一曰次也，丛也。〞比鄰〞，
猶〞丛鄰〞。杜甫詩：不教鵝鴨惱比
鄰。

又〞比蒲〞，地名。《春秋·昭十一
年》：大蒐于比蒲。

又〞皋比〞，虎皮也。《左傳·莊十

年》：蒙皋比而先犯之，後人以為講席。戴叔倫詩：皋比喜接連。朱子《張戴銘》：勇撤皋比。

又〝師比〞，胡革帶鉤也。《戰國策》：胡服黃金師比。通作：毗、紕。

又，bi《唐韻》毗必切、《集韻》、《韻會》薄必切、《正韻》薄密切，夶音：邲，ㄅㄧˊ。比次也。《增韻》：比比，猶總總也。張九齡《荔枝賦》：皮龍鱗而騈比。顧況《持斧章》：樸之斯密，如鱗櫛比。皆讀如〝邲〞。又《莊子‧齊物論》：人籟則比竹是矣。李軌讀。

按：《說文》二人為从、反从為比。

毕：比部八畫，《玉篇》：古文〝比〞字。

案：音、義，參見〝比〞字，詮釋。

毕：比部十畫，《集韻》〝拜〞，古作：毕。

案：音、義，參少部〝棅〞字詮釋。

毕：比部十六畫，《說文長箋》：古文〝拜〞字。

案：音、義，參屮部＂𡳆＂字詮釋。

毛部：máo，音：ㄇㄠˊ

毛毛：毛部八畫，與＂氈＂同。

音：lú《廣韻》力朱切．《集韻》、《韻
會》龍珠切．竝音：慺，ㄌㄩˊ

義：《博雅》：𣖄毛，廚也。《後漢書．
烏桓傳》：婦人能刺韋，作繡織，𣖄
毛。

又，shū《集韻》雙雛切，音：毹、ㄩ
。與＂毹＂同。織毛蓐也。

又，dōu《字彙》當侯切，音：兜、
ㄉㄡ。人險為＂𣖄毛＂，音：兜達。
參見，李翊《俗呼小錄》。

按：《集韻》：或書作＂褸＂。

毳：毛部十二畫，通作：脆．俗作：脆。

音：cui《唐韻》、《集韻》、《韻會》竝
此芮切，音：脆、ㄘㄨㄟˋ

義：《說文》：毳，獸細毛也。从三毛．
會意也。《方言》：揄鋪、幒、帗毳
也。《周禮．天官．掌皮》：共其毳

毛為氈，以待邦事。鄭《註》：毳毛、毛細縟者。王褒《聖主得賢臣頌》：夫荷旃被毳者，難與道純綿之麗密。又，冕服名。《周禮·春官·司服》：四望山川，則毳冕。又，子男之服，自毳冕而下，如侯伯之服。《尚書正義》：毳冕五章，虎蜼為首，虎蜼毛淺，毳是亂毛，故以毳為名。《詩·王風》：毳衣如菼。《詩經今注》：毳衣，細毛織的上衣。如菼，言衣是嫩綠色，指女子所穿。《毛傳》：毳衣，大夫之服。《箋》：古者天子、大夫服毳冕，以巡行邦國。天子大夫四命，其出封五命，如子男之服，故得服毳冕。

又〞火毳〞，即火浣布也。《後漢書·西南夷傳論》：賓慌火毳馴禽封獸之賦，轔積於內府。

又，鳥腹毛曰毳。《說苑·尊賢篇》：背上之毛，腹下之毳。杜甫詩：見輕吹鳥毳。

又〞毳幕〞，即氈帳也。李陵《答蘇武書》：韋韝毳幕。

又，僧服名。《法苑珠林》：衣中有四者：一糞掃衣、二毳衣，三衲衣，四三衣。

又，小耎物易斷也。《荀子・議兵篇》：事小敵毳，則偷可用也。《文子・道原篇》：志弱者，柔毳安靜。

又，通作〞脆〞，《老子・道德經》：其脆易破。《晉語》：臣脆弱，弗能忍俟。

又，柔美之物曰〞甘毳〞。《史記・聶政傳》：旦夕得甘毳以養親。《前漢書・丙吉傳》：數奉甘毳。本與〞脆〞義同。

又，通作〞脃〞。《管子・霸言篇》：釋堅而攻脃。枚乘《七發》：甘脃腥膿。

又，姓，出《姓苑》。

又，ruì《集韻》儒稅切，音：汭，ㄖㄨㄟˋ。又，ruì姝悅切，音：叡。義並同。

又，jué《集韻》祖悅切，音：蕝，ㄐㄩㄝˊ。與"橇"同。《前漢書·溝洫志》：泥行乘毳。《史記》：作"橇"。《註》：孟康曰：毳竹如箕，擿行泥上。如淳云：毳，謂以板置泥上，以通行路也。師古曰：毳，讀如本字。

水部：Shuǐ，音：ㄕㄨㄟˇ

沝：水部八畫

音：Zhuǐ《唐韻》、《集韻》並之壘切，音：捶，ㄓㄨㄟˇ

義：《說文》：二水也。

《類篇》：闔人謂水曰"沝"。

按：鄭氏《易》：坎為水。水作"沝"。郭忠恕《佩觿集》音義一而體別，水為"沝"，火為"焜"。是"水"與"沝"音義並同，與《說文》小異。

至楊慎轉注古音，〞林〞，音：委，
義如《禮記》或原或委之〞委〞。《
說文字原》：〞林〞，古〞流〞字。
皆曲說，今不從。

淼：水部十二畫，同〞淼〞字。

音：miǎo《唐韻》亡沼切，《集韻》、《
韻會》、《正韻》弭沼切，太太音：眇
，ㄇㄧㄠˇ

義：大水也。郭璞《江賦》：狀滔天以淼
茫。今注：淼茫，水勢廣大貌。

又《標準學生字典》：同〞淼〞字。
淼瀺，水貌，一曰水長也。《管子·
內業篇》：淼淼乎！如窮無極。

案：淼瀺，水遠也。一曰瀺淾，水深白貌
。瀺，亦作〞瀺〞。

淼：水部十二畫，《字彙補》古文〞涉〞字

音：shè《唐韻》時攝切，《集韻》、《韻
會》實攝切，太音：結，ㄕㄜˋ

義：《字彙補》：古文〞涉〞字。崔希裕
《略古》：三水為〞涉〞。

《說文》：徒行厲水也。《爾雅·釋水》：繇膝以上為涉。

又，經也。枚乘《七發》：於是背秋涉冬。

又《前漢書·霍山傳》：涉獵書記，不能為醇儒。《註》：言若涉水獵獸，不專精也。

又〞大涉〞，水名。《前漢書·地理志》：犍為郡南廣縣有大涉水。今姓三在四川。

又，縣名。《廣輿記》：屬彰德府，古涉侯國地，漢涉縣。

又，姓。《左傳》：有涉佗。《姓源》晉大夫涉佗，其後食采于涉，以邑為氏。望出河南。治所雒陽，在今河南洛陽市東北。

又，dié《廣韻》丁愜切，《集韻》的協切，兹音：點，ㄉㄧㄝˊ。與〞喋〞同，血流貌。

森：水部十六畫

音：màn《字彙補》音：漫，ㄇㄢˋ

《中文大辭典》謨官切，音漫，ㄇㄢˋ

義：《字彙補》：大水也。

又，niǎo乃了切，音：裊，ㄋㄧㄠˇ。

義同。

灥：水部二十七畫，與"泉"同。

音：xún《唐韻》詳遵切，《集韻》松倫切，並音：旬，ㄒㄩㄣˊ

義：《說文》：三泉也。

又，chuān《廣韻》、《集韻》並昌緣切，音：穿，ㄔㄨㄢ。一曰衆流也。

又，quán《集韻》從緣切，音：全，ㄑㄩㄢˊ。與"泉"同。

《說文》：三泉也，象水流出成川形。《易．蒙象》：山下出泉。

又《爾雅．釋水》：濫泉正出，正出，涌出也。沃泉縣出，縣出，下出也。氿泉穴出，穴出，仄出也。

又，同出異歸曰"肥泉"。《詩．邶風》：我思肥泉，茲之永歎。《詩經今注》：肥泉，衛國水名。茲，通〞滋〞，增加。永歎，長歎。

又，醴泉。《禮‧禮運》：天降膏露，地出醴泉。

又，泉有光華曰〞榮泉〞。《前漢書‧郊祀歌》：食甘露，飲榮泉。

又，瀑布曰〞立泉〞。班固《終南山賦》：立泉落落。

又，州名。《廣輿記》：周時為七閩地，隋曰溫陵，唐曰泉州。

又〞天泉〞，星名。《甘氏星經》：天泉十星在鼈東，一曰大海主灌溉溝渠之事。

又〞龍泉〞，劍名，即龍淵也。杜甫詩：三尺獻龍泉。

又，姓，《南史》有泉企。《姓氏考略》泉，引《世本》泉，任姓。《姓苑》吳全琮之孫暉降魏，封南陽，食采白水，改為泉氏。

張澍云：《國語》潞洛泉余滿。皆赤

狄隗姓，是泉氏不始全暉。一云：周官泉府之後，以官為氏，望出上洛（治所在今陝西商縣）。又《新唐書》：高麗蓋蘇文姓泉氏。

又＂貨泉＂，即錢也。《周禮・天官》：外府掌布之出入。《註》：布、泉也，其藏曰泉，其行曰布，取名于水泉，其流行無不徧也。又《地官・泉府註》：泉或作＂錢＂。

又，juàn《集韻》疾眷切，全去聲，ㄐㄩㄢˋ。義同。

又，qín《韻補》叶才勻切，音：秦、ㄑㄧㄣˊ。李尤《東觀銘》：房闥內布，疏綺外陳，是謂東觀，書籍林泉。

按：泉之異體字，《集韻》或作＂灥＂。

灥：水部三十六畫

音：chéng《字彙補》徐庚切，音撐，ㄔㄥˊ

義：未詳

火部：huǒ，音：ㄏㄨㄛˇ

炎：火部八畫

音：yán《唐韻》、《集韻》于廉切，《韻
會》疑廉切，《正韻》移廉切，夶音
：鹽，一ㄢˊ

義：《說文》：炎，火光上也。从重火，
會意。《玉篇》：熱也，燓也。《書
·胤征》：火炎崑岡，玉石俱燓。又
《洪範》：火曰炎上。

又《爾雅·釋訓》：爞爞炎炎，熏也
。《詩·大雅》：赫赫炎炎。《詩經
今注》：赫赫，陽光顯耀貌。炎炎，
暑氣熾熱貌。

又《吳語》：日長炎炎。《註》：進
貌。

又《正韻》：熾也。

又《禮·月令》：其帝炎帝。《註》
：此赤精之君，炎帝大庭也。

又《呂氏春秋》：南方曰炎天，東北
曰炎風。

又，yán《集韻》、《類篇》夶于凡切
，樣，平聲，ㄩㄢˊ。義同。

又，tán《類篇》徒甘切，音：談，
ㄊㄢˊ。美辨也。《莊子・齊物論》：
大言炎炎。《註》：美盛貌。

又，yàn《集韻》以贍切，音：豔，
一ㄢˋ。《史記・司馬相如傳》：獲耀
日月之末光絕炎，以展采錯事。《註
》：覩日月末光殊絕之用，以展其官
職。

又，通"焰"。《前漢書・五行志》
：人之所忌，其氣炎以取之。蔡邕《
釋誨》：懼煙炎之毀燔。

又《列子・湯問篇》：楚之南有炎人
之國。《註》：炎，去聲。

按：炎之異體字，《集韻》：本作"爓"
，亦同"餤"、"燄"。

《說文》、《玉篇》、《類篇》"炎
"字，俱自為部。

炏：火部八畫

音：kài《篇海》苦戒切，開去聲，ㄎㄞˋ

義：《篇海》：熾火盛也。

焱：火部 十二畫

音：yàn《唐韻》、《集韻》太以冉切，音
　＝剡，一ㄢˇ

義：《說文》：火華也，从三火。
　　又，yàn《廣韻》、《集韻》、《韻會
　　》、《正韻》太以贍切，音豔，一ㄢˋ
　　。義同。又，班固《東都賦》：焱焱
　　炎炎，揚光飛文。吐爓生風，欻野歆
　　山。《註》：太戈矛車馬之光。
　　又，huò《廣韻》、《韻會》、《正韻
　　》呼臭切，《集韻》呼役切，太音＝
　　砉，ㄏㄨㄛˋ。《玉篇》：火華。《廣
　　韻》：又火焰也。
　　又，yì《集韻》夷益切，音＝繹，一ˋ
　　。本作"烪"，亦同"煬"。
　　又，yì營隻切，音＝役，一ˋ。火貌。
　　又，xì馨激切，音＝闃，ㄒㄧˋ。亦火
　　華也。

按：《集韻》：焱，本作"烪"，或作"
　　煬"。

燚：火部十二畫

音：tán《篇海類編》徒甘切，音談，ㄊㄢˊ

義：《篇海類編》：火也。

燚：火部十六畫

音：yì《五音篇海》以日切，音：亦，ㄧˋ

義：《五音篇海》：火貌。

燚：火部十六畫，《集韻》業，古作"燚"

音：yè《唐韻》魚怯切，《集韻》逆怯切

，太音：鄴，ㄧㄝˋ

義：《集韻》：業，古作"燚"。

《說文》：燚，古文"業"字。業，

大板也，所以飾懸鐘鼓。《詩‧大雅

》：虡業維樅。《詩經今注》：虡（

音：巨），懸編鐘編磬的木架。業，

懸鼓的木架。維，猶與也。樅，懸大

鐘的木架，形制未詳。《疏》：植鐘

磬之木，植者名為虡，橫牽者為栒，

栒上加大版為之飾為業，刻板捷業如

鋸齒，故曰業。

又，功業。《易‧繫辭》：富有之謂

大業。

又，事業。《易·坤卦》：暢於四肢，發於事業。

又，基業。《孟子》：創業垂統。

又，學業。《禮·曲禮》：所習必有業。

又，世業。《左傳·昭元年》：子產曰：臺駘能業其官。

又《爾雅·釋訓》：業業，危也。《書·皐陶謨》：兢兢業業，一日二日萬幾。

又，壯也。《詩·小雅》：四牡業業。《詩經今注》：業業，高大貌。

又，凡所攻治者曰業，事物已爲而未成本曰業。《孟子》：有業屨於牖上。

又，已然曰業。《前漢書·吳王濞傳》：高祖召濞相之，悔業已拜。

又，藝業。《史記·貨殖傳》：田農，拙業也。賣漿，小業也。

又"建業"，地名。《吳志》：權改

秣陵為建業。今注：權，即孫權也。
建業，今南京市。

又，姓。《姓苑》有業氏。一云：宜
為古掌巨業之官，以職為氏。

又，jí《集韻》逆及切，音：岌，
ㄐㄧˊ。亦壯也。

又，è《集韻》玉盍切。亦危也。

又，nì叶宜戟切，音：逆，ㄋㄧˋ。《
鶡冠子・泰鴻篇》：兩治四致，間以
止息。歸時離氣，以成萬業。

又，nüè叶逆約切，音：虐，ㄋㄩㄝˋ。
《前漢書・藝文志述》：伏羲畫卦、
書契後作，虞夏商周，孔纂其業。

　按：《說文》：从＂丵＂、从＂巾＂。巾
　　　象版，不从木，收《丵部》，今誤入。

嶪：火部二十畫，《集韻》＂業＂，古作＂
　　嶪＂。《說文》：嶪，古文＂業＂。

　　案：音、義，參見＂嶪＂字，詮釋。

爪部：zhǎo・音：ㄓㄠˇ

爫：爪部十二畫

音：shuǎ《龍龕手鑑》疎瓦切，又初瓦切，並音：耍，ㄕㄨㄚˇ

義：未詳

䆉：爪部二十一畫

音：sǒu《海篇》音：叟，ㄙㄡˇ

又，tuǒ音：妥，ㄊㄨㄛˇ

義：未詳

爻部：yáo，音：ㄧㄠˊ

爻爻：爻部八畫

音：lǐ《唐韻》力几切，《廣韻》力紙切，《集韻》輦爾切，並音：纚，ㄌㄧˇ

義：《說文》：二爻也。《廣韻》：爻爻尒，布白，象形也。

又，yǐ《集韻》、《類篇》並演爾切，音：迤，ㄧˇ。布明貌。

又，lì《廣韻》、《集韻》並郎計切，音：麗，ㄌㄧˋ。《廣韻》：止也，系也。《集韻》：二爻也。

𤕤：爻部十二畫，《集韻》𠐋，古作"𤕤"

音、義，參見"𠐋"字、詮釋。

按：《說文》本作"圙"，《字彙》仍之
。《正字通》從《集韻》，改作"圐
"，《玉篇》別書作"圙"。

丣部：qiáng，音：ㄑㄧㄤˊ

丣：丣部八畫，《字彙補》：古文"卯"字
音：mǎo《唐韻》、《集韻》、《韻會》、
《正韻》达莫飽切，音：昴，ㄇㄠˇ

義：《字彙補》：古文"卯"字。
《說文》：丣，冒也。二月萬物冒地
而出，象開門之形，故二月為天門。
徐曰：二月陰不能制，陽冒而出也，
天門萬物畢出也。
又《廣韻》：辰名。《爾雅·釋天》
：歲在卯曰單閼。《晉書·樂志》：
卯，茂也，謂陽氣生而孳茂也。

按：《韻會》俗作"夘"，非。

片部：piàn，音：ㄆㄧㄢˋ

牃：片部八畫
音：zhé《篇海》音：折，ㄓㄜˊ
義：《篇海》：版也。

牙部：yá，音：一ㄚˊ

犲：牙部八畫

音：yá《字彙補》牛加切，音：牙，一ㄚˊ

義：未詳

牛部：niú，音：ㄋ一ㄡˊ

牪：牛部八畫

音：yàn《玉篇》牛眷切，《五音集韻》魚變切，太太音：彥，一ㄢˋ

義：《玉篇》：牛件也。

按：《正字通》：《六書統》牪，古文"友"字，引《詩》或群或友。又《備考》牪音友，字見鐘鼎文。按鳥獸相友，太太借友。二說，太太非。

牪：牛部八畫，《玉篇》：同"牿"。

音：guǐ《五音集韻》居湳切，《篇海類編》古委切，太太音：宄，《ㄨㄟˇ

義：《五音集韻》、《篇海類編》牛也。

《玉篇》："牪"同"牿"。

《五音集韻》：牿，牛聲也。

犇：牛部十二畫，《集韻》：奔，古作：犇

音：bēn《廣韻》博昆切，音：賁，ㄅㄣ

義：《廣韻》：牛驚。

又《集韻》："奔，古作"犇"。

bēn《唐韻》博昆切，《集韻》、《韻
會》、《正韻》逋昆切，𠀤音：本，
平聲，ㄅㄣ。

《說文》：奔，走也。《爾雅·釋宮
》：堂上謂之行，堂下謂之步，門外
謂之趨，中庭謂之走，大路謂之奔。
一曰趨事，恐後曰奔。《詩·周頌》
：駿奔走在廟。《詩經今注》：駿，
迅速。

又，嫁娶而禮不備，亦曰奔。《周禮
·地官·媒氏》：仲春之月，令會男
女，奔者不禁。謂不必六禮備，非淫
奔也。

又，凡物皆言奔。《詩·鄘風》：鶉
之奔奔。《詩經今注》：鶉，鵪鶉，
雌雄有固定的配偶。奔奔，《禮記·
表記》引作：賁賁。奔賁皆借為翻〈

音：奔），《玉篇·羽部》〞翱，飛貌。〞翱翱，猶翩翩。又解：奔奔，跳行貌。《小雅》：鹿斯之奔。《石鼓文》：霝雨奔樹。韓愈《秋懷詩》：鳴聲若有意，顛倒相追奔。空堂黃昏暮，我坐默不言。按：〞奔〞、〞言〞俱十三元韻，《正字通》沿《字彙》之譌，奔叶音：邊，豈以言在一先韻耶？

又，姓。石晉將奔洪進。《姓氏考略》：奔，引《世本》神農娶奔水氏之子，後有奔氏。《通鑑釋文》古有賁姓，音：肥，又音：奔，後遂為奔。

又，複姓：奔水。《路史》神農娶奔氏為妃，一作：承桑氏，又作桑水氏。

又，fèn《集韻》、《韻會》：拢方問切，音：憤，匚ㄣˋ。覆敗也。李陵《與蘇武書》：斬將搴旗，追奔逐北。

又，běn《廣韻》甫悶切、《集韻》、《韻會》補悶切，《正韻》逋悶切，犇音：本，去聲，ㄅㄣˋ。急赴也。《釋名》：變也，有急變奔赴之也。《增韻》：奔赴湊集也。

又，yī叶於夷切，音：依，一。崔亭伯《七依》：乃命長秋使驅獸，夷羿作虞人。騰句喙以逐飛騁，韓盧以逐奔。

按：《說文》〞從夭賁省聲〞，入〈夭部〉俗省作：奔。

牱：牛部十二畫

　音：mú《海篇》音：模，ㄇㄨˊ，亦讀ㄇㄛˊ

　義：未詳

犉：牛部十六畫

　音：qún《篇海類編》音：群，ㄑㄩㄣˊ

　義：未詳

犬部：quǎn，音：ㄑㄩㄢˇ

　犾：犬部八畫

　音：yín《唐韻》語斤切，《集韻》魚斤切，犾音：斷，一ㄣˊ

　義：《說文》：犾，兩犬相齧也，从二犬

。《廣韻》：犬相吠也。

按：《集韻》：亦書作〞狋〞。

猋：犬部十二畫

音：biāo《廣韻》甫遙切，《集韻》、《韻會》、《正韻》卑遙切，並音：標，ㄅㄧㄠ

義：《說文》：猋，犬走貌，从三犬。

又《爾雅·釋天》：扶搖謂之猋。《註》：暴風从下上。《疏》：李巡曰：猋，上也。《釋文》：猋，必遙反。

又《爾雅·釋草》：猋、藨、芀。《註》：皆芀荂之別名。《疏》：芀，一名猋，又名藨，萑葦之屬。

又，piāo《集韻》紕招切，音：漂，ㄆㄧㄠ。回風也。《禮·月令》：猋風暴雨總至。《註》：回風為猋。《釋文》：本又作：飄，徐音方遙反。

玄部：xuán，音：ㄒㄩㄢˊ

茲：玄部十畫，《集韻》：茲，古作：絲。

音：zī《廣韻》子之切，《集韻》、《韻

會》津之切，《正韻》津私切，太音
：玆，卩

義：《說文》：玆，黑也。《玉篇》：濁
也，黑也。或作：黲、滋。《左傳・
哀八年》：何故使吾水滋。《註》：
滋，本又作：玆，子絲反。《字林》
云：黑也。

又，姓。《左傳・定十年》：孔子使
玆無還揖對。《姓氏考略》：玆，周
武王封少昊子重之後，玆於期於莒，
其後為玆氏。

又，複姓：玆毋（或作：玆無）。《
姓纂》：魯大夫玆毋還之後。

又《說文・徐鍇註》：借為〞茲〞此
字。《爾雅・釋詁》：此也。《書・
大禹謨》：念玆在玆。按《爾雅》、
《尚書》，本作〞茲〞。《正字通》
仍《韻會》之譌，改入〞玆〞字註，
反駁从玄之非，誤。又引孫氏說，今
年禾曰今茲。从艸木玆生紀也，尤鑿。

又，神名。《山海經》：西海陼中有神，人面鳥身，珥兩青蛇，踐兩赤蛇，各曰"弇茲"。

又，Xuán《廣韻》、《集韻》並瑚涓切，音：懸，ㄒㄩㄢˊ。黑也。《左傳・哀八年，釋文》：茲，音：玄。

按："茲"、"茲"二字，音同義別。从玄者，子之、瑚涓二切，訓黑也，此也，姓也。从艸音，子之、墻之二切，訓艸木多益也，簀也，國名。今各韻書互相蒙混，如《廣韻》、《韻會》"茲"字訓國名，《集韻》"茲"字訓蓐也。《韻會》、《字彙》、《正字通》"茲"字，訓此也。非當時編輯之譌，即後人刊刻之誤，《正韻》有"茲"無"茲"，合"茲"、"茲"二字訓義為一，尤為疏漏。今以《說文》并各書，重為訂正。

玉部：Yù，音：山`

王：玉部八畫

音：jué《唐韻》古岳切，《集韻》、《韻
會》、《正韻》訖岳切，玆音：覺，
ㄐㄩㄝˊ

義：《說文》：玨，二玉相合一玨。徐鍇
曰：雙玉曰玨。《集韻》：或作瑴。
又，gǔ《類篇》古祿切，音：穀，
《ㄨˇ。義同。

玊玊：玉部十畫，同〞玨〝。

音：jué皆削切，音：玨，ㄐㄩㄝˊ

義：參〞玨〝字，詮釋

瓜部：guā，音：ㄍㄨㄚ

瓜瓜：瓜部十畫

音：yú《唐韻》以主切，《集韻》勇主切
玆音：庾，ㄩˊ

義：《說文》：瓜，本不勝末，微弱也，
从二瓜。《六書故》：瓜，瓜實繁也
，故引之有〞本不勝末〝之義。
又《玉篇》：勞病也。

生部：shēng，音：ㄕㄥ

甡：生部十畫

音：shēn《唐韻》所臻切，《集韻》、《韻會》、《正韻》疏臻切，並音：莘，ㄕㄣ

義：《說文》：甡，象生並立之貌，从二生。《詩·大雅》：瞻彼中林，甡甡其鹿。《詩經今注》：中林，林中。甡（音：申），同莘莘，象多貌。《傳》：甡甡，象多也。《聲類》云：聚貌。徐曰：並生而齊盛也，若鹿角然。

用部：Yòng，音：ㄩㄥˋ

𤰔：用部十五畫

音：chuán《五音篇海》音：傳，ㄔㄨㄢˊ

義：未詳

田部：tián，音：ㄊㄧㄢˊ

畕：田部十畫

音：jiān《唐韻》、《集韻》並居良切，音：薑，ㄐㄧㄤ

義：《說文》：畕，比田也，从二田。

串：田部十畫，《玉篇》古文"申"字。

音：shēn《說薈》式神切，音：伸，ㄕㄣ
義：《說薈》：串，申也、重也。

《玉篇》：串，古文＂申＂字。

shēn《唐韻》、《集韻》失人切，《
韻會》、《正韻》升人切，茲音：身
，ㄕㄣ。申，十二支之一。《爾雅‧
釋天》：太歲在申曰涒灘。《釋名》
：申，身也。物皆成其身體，各申束
之，使備成也。《史記‧律書》：七
月也。律中夷則，其於十二子為申。
申者，言陰用事申賊萬物。

又，重也。《易‧巽卦》：重巽以申
命。《書‧堯典》：申命羲叔。《傳
》：申，重也。《後漢書‧朱暉傳》
：願將軍少察愚言，申納諸儒。

又，致也。《禮‧郊特牲》：大夫執
圭，而使所以申信也。

又，舒也。《武王弓銘》：屈申之義
，廢興之行，無忘自過。班彪《北征
賦》：行止屈申與時息兮。

又，欠伸也。《莊子‧刻意篇》：熊經鳥申。

又《博雅》：申申，容也。《論語》：子之燕居，申申如也。朱《註》：申申，其容舒也。

又，姓。《史記‧三皇本紀》：神農五百三十年，而軒轅氏興焉，其後有州、甫、申、呂，皆姜姓之後，並為諸侯。又〞申屠〝，複姓。

申氏，《史記‧三皇本紀》系出姜姓，神農之後，有申、呂封於申，以國為氏。周有申伯，望出魏郡（治所鄴縣，在今河北臨漳西南）、丹陽（治所宛陵，即今安徽宣城）。

又《姓氏考略》：楚，亦有申氏。

又，複姓：申公、申叔、申徒、申章、申屠、申都。

申公，《姓纂》楚有申公氏鬬克，字子儀，謂之申公子儀，後以為氏。

申叔，《通志氏族略》楚大夫申叔時

食采於申，後以為氏。

申徒，《莊子》湯時有申徒狄。《風
俗通》本申屠氏，隨音改申徒氏。一
云：申徒楚官號，以官為氏。

申章，《路史》鄭後有申章氏。又《
新序》楚有申章氏。

申屠，《黃賢傳》周申侯後，支子居
安定屠原，因以為氏。

申都，《楚春秋》即申徒氏，一作：
信都。

又，國名。《詩·王風》：彼其之子
，不與我戍申。《詩經今注》：彼其
之子，他們這地人，指貴族。其，語
助詞。戍，守衛。申，國名、國君姓
姜。國都在今河南唐河縣境內。《傳
》：申，姜姓之國。《左傳·隱元年
》：鄭武公娶於申。《註》：申國，
今南陽宛縣。

又，州名。《韻會》：春秋時屬楚秦
南陽郡，後魏為郢州，周為申州。

又，山名。《山海經》：申山，其上多穀柞，其下多杻橿，又北二十里，曰上申之山。

又，池名。《左傳・文十八年》：夏五月，公遊于申池。《註》：齊南城西門名申門，左右有池。

又，矢名。《晉語》：乾時之役，申孫之矢，集於桓鉤。《註》：申孫，矢名。

又，草名。《淮南子・人間訓》：申茮、杜茝，美人之所懷服也。《註》：申茮、杜茝，皆香草也。

又，shèn《集韻》試刃切，音：胂，ㄕㄣˋ。引也。

又，xìn《集韻》、《韻會》、《正韻》思晋切，音信，ㄒㄧㄣˋ。伸也。

嬲：田部十四畫，《字彙補》：同"嬲"。

音：niǎo《廣韻》奴鳥切，音嬈，ㄋㄧㄠˇ

義：《字彙補》：同"嬲"。

《廣韻》音：嬈。擾也。嵇康《與山

濤書》∶足下若飂之不置。王安石詩
∶飂汝以一句，西歸瘦如臘。又　細
浪飂雪于娉婷。

又、nǎo《集韻》乃老切，音腦，う幺ˇ
。義同。

畾∶田部十五畫

音∶léi《唐韻》魯回切，《集韻》盧回切
，竝音∶雷，为ㄟˊ

義∶《唐韻》、《集韻》∶田間也。
又、léi《集韻》魯水切，音∶壘，
为ㄟˇ。義同。

畾∶田部十五畫

音∶chà《字彙補》初瓦切，音∶瘥，上聲
，彳ㄞˋ。又讀∶ㄔㄨㄛˊ。

義∶《字彙補》∶幕字甲聲也。
又，雪中行。

畾∶田部十八畫

音∶ㄈㄨ《集韻》敷救切，音∶覆，ㄈㄨˋ

義∶《集韻》∶貳也。

畾∶田部二十畫，古文〝雷〞字。

音：féi《集韻》：雷，古作"畾"。々乁

義：《集韻》：雷，古作"畾"。

《字彙補》：雷，古文作"品"。

又，huǐ《集韻》謝鬼切，音：虺，
厂ㄨㄟˇ。人名。仲畾·湯左相。或作
"虺"、"畾"，通作"虺"。

按《史記》本作"畾"，《正字通》
與"虺"同。《史記·殷本紀》：湯
歸至於泰卷陶，中畾作誥。《註》：
孔安國曰：仲虺·湯左相奚仲之後。
又《集韻》音：奔·人名。《荀子·
堯問篇》：其在中虺之言也。《註》
："中虺"與"仲虺"同。

按：《正字通》"畾"古雷字·《六書統
》篆作"畾"，因《詩》虺虺其靁，
《傳》云：雷將發未震之聲，故又音
虺。《九經考異》作"仲畾"，《石
經》作"仲傀"，《荀子》引作"仲
虺"。以左相一人，"傀"、"虺"
、"虺"、"畾"各出，今皆不可考

，必有譌誤。

案：《搜真玉鏡》〞畾〞同〞雷〞、《玉
篇》〞畾〞古文〞雷〞字、《字彙補
》〞畾〞古文〞雷〞字，參見〞畾〞
字，詮釋。

畾：田部二十畫

音：cā《字彙補》清戛切，音：擦，ㄘㄚ

義：未詳

畾：田部二十畫

音：léi《龍龕手鑑》郎回切，音雷，ㄌㄟˊ

義：未詳

白部：bái，音：ㄅㄞˊ

皛：白部十畫，《集韻》：與〞白〞同。

音：bó《集韻》薄陌切，音：帛，ㄅㄛˊ

義：《集韻》：白色，與〞白〞同。

又，pāi《廣韻》匹白切，《集韻》匹
陌切，茲音：柏，ㄆㄞ

又，jiǎo《廣韻》吉了切，《集韻》
吉了切，茲音：皎，ㄐㄧㄠˇ。義，茲
同。

bái《唐韻》旁陌切,《集韻》、《韻會》、《正韻》薄陌切,夶音:帛,ㄅㄞˊ。《說文》:白,西方色也。陰用事,物色白,从入合二,二陰數也。《釋名》:啟也,如冰啟時色也。《爾雅·釋天》:秋為白藏。《疏》:秋之氣和,則色白而收藏也。《周禮·冬官·考工記》:畫繪之事,西方謂之白。《書·禹貢》:冀州厥土惟白壤,青州厥土白墳。又《禮·檀弓》:殷人尚白。

又《增韻》:素也,潔也。《易·賁卦》:白賁无咎。《註》:其質素,不勞文飾也。《說卦》:巽為白。《疏》:風吹去塵,故潔白也。

又,明也。《禮·曾子問》:當室之白。《註》:謂西北隅得戶明者也。《荀子·正名篇》:說不行,則白道而冥窮。《註》:白道謂明道也。《前漢書·谷永傳》:反除白罪。《註

》：罪之明白者，皆反而除之。

又，白屋，以茅覆屋也。《前漢書·蕭望之傳》：恐非周公相成王，致白屋之意。

又，白衣，給官府趨走者。《前漢書·兩龔傳》：聞之白衣，戒君勿言也。

又，白徒，猶白身。《管子·乘馬篇》：白徒三十人，奉車兩。

又，白丁。《北史·李敏傳》：周宣帝謂樂平公主曰：敏何官？對曰：一白丁耳。

又，白民。《魏書·食貨志》：莊帝班入粟之制，白民輸五百石，聽依第出身。

又，白著。《唐書·劉晏傳》：稅外橫取謂之白著。《春明退朝錄》：世人謂酒酣為白著，言剝薄之後人必頹沛酩酊，如飲者之著也。

又《禮·玉藻》：君衣狐白裘。陳《註》：以狐之白毛皮為裘也。

又《爾雅·釋器》：白金謂之銀。

又《唐書·食貨志》：隋末，行五銖白錢。

又《前漢書·刑法志》：罪人為白粲。《註》：坐擇米使正白，三歲刑也。

又《古今注》：白筆，古珥筆，示君子有文武之備焉。

又《字學淵源》：飛白書，蔡邕見施堊帚而作。

又，星名。《博雅》：太白，謂之"長庚"。今注：長庚，亦金星，日落後出現在西方。

又，旗名。《禮·明堂位》：殷之大白。

又，罰爵名。《說苑》：魏文侯與大夫飲，使公乘不仁為觴政，曰：飲不釂者，浮以大白。

又，酒名。《禮·內則》：酒清白。《註》：白事酒，昔酒也，色皆白，故以白名之。

又，稻曰白，黍曰黑。《周禮‧天官‧遵人》：其實體黃白黑。

又，馬名。《詩‧秦風》：有馬白顛。《詩經今注》：顛，頂也。白顛，馬額正有塊白毛。《疏》：額有白毛，今之戴星馬也。

又，猛獸名。《汲冢周書》：義渠以茲白。《註》：茲白，一名駁，能食虎豹。

又，蟲名。《爾雅‧釋蟲》：蟫白魚。《註》：衣書中蟲也。又《大戴禮》：白鳥者，謂蚊蚋也。

又，草名。《前漢書‧西域傳》：鄯善國多白草。

又"三白"，正月雪也。西北農諺：要宜麥，見三白。

又"五白"，簙簺五木也。宋玉《招魂》：成梟而牟呼五白些。

又，梵言，一年為一白。《傳燈錄》：我止林閒已經九白。

又，山名。《後漢書・耿恭傳》：竇
閻前擊白山，功冠三軍。《註》：冬
夏有雪，故曰白山。《金史・禮志》
：有司言，長白山在興王之地，禮合
尊崇。

又，水名。桑欽《水經》：白水，出
朝陽縣西。

又，州名。《唐書・地理志》：武德
四年，置白州，因博白溪而名。

又，海外有白民國，見《山海經》。

又，白狄，狄別名，見《春秋・成九
年》。

又，戎類有六，一曰老白，見《風俗
通》。

又，姓，黃帝後。《左傳》：秦大夫
白乙丙。又，複姓。《史記・秦本紀
》：白冥氏，秦族。《潛夫論》：吉
白氏，葦姓後。又，白楊提，代北三
字姓。

又《諡法》：外內貞復曰白。

又《玉篇》：告語也。《正字通》：下告上曰稟白，同輩述事陳義亦曰白。《前漢書·高帝紀》：上命周昌選趙壯士可令將者，白見四人。《後漢書·鍾皓傳》：鍾瑾常以李膺言白皓。又《唐書·宦者傳》：宣宗時，諸道歲進閹兒，號私白。

按《說文》入聲有〈白部〉，去聲〈自部〉內亦載白字。在〈自部〉內者，讀疾二切，曰〞此亦自字也，省自音，詞言之氣从鼻出，與口相助也。〞是。〞告語〞之白讀自，西方之白讀帛，音義各別，許氏分為二部，《玉篇》合而為一，今从之。

又，bà《集韻》步化切，音：杷，讀：ㄅㄚˋ，或讀：ㄆㄚˊ。亦西方色也。

又，bó博陌切，與〞伯〞同，長也，一曰爵名，亦姓。《印藪》有〞白鸞氏〞，《註》：即〞伯〞字。

又，bó叶旁各切，音：簿，ㄅㄛˊ。《

詩‧小雅》：裳裳者華，或黃或白。
我觀之子，乘其四駱。

又，bi 叶旁密切，音：弼，ㄅㄧˊ。蘇
軾《寒食雨》詩：暗中偷負去，夜半
真有力。何殊病少年，病起頭已白。

案：《集韻》”皛”，與”白”同。《字
彙補》”𦣞”、古文”白”字。又《
集韻》”白”古作”𦣞”，又與”皛”
”同。

𦣼：白部十二畫

音：bi《唐韻》彼力切，《集韻》筆力切
，𠀤音：逼，ㄅㄧ

義：《說文》：𦣼，二百也。

又，bi《集韻》兵媚切，音：祕，
ㄅㄧˋ。義同。

案：𦣼字今義，名詞：數名。《標準學生
字典》：兩百。《新華字典》、《現
代漢語詞典》書作：二百。《東方國
語辭典》：𦣼，數名：兩百，例如：
栽木”𦣼”種。

又，藏書室名：〞皕宋樓〞，清·陸
心源，字剛甫，浙江歸安人。咸豐舉
人，官至福建鹽運使。藏書極富，著
有《皕宋樓藏書志》傳世。

又〞皕琴樓〞，清·沈維裕·字益甫
，號皕琴，上海人。以部員官京師，
能詩文，善楷隸，工花卉，精琴學。
著有《皕琴樓詩集》。

皛：白部十五畫

音：xiǎo《廣韻》、《集韻》、《韻會》
　　𠀤胡了切·音：皎、丁一ㄠ。

義：《說文》：皛，顯也·通白，曰皛，
　　从三白·會意·讀若皎·潘岳《關中
　　詩》：虛皛渰德，繆彰甲吉·《註》
　　：渰、甲，二羌號·德、吉，其名也
　　·皛，顯也·

　　又《博雅》：白也·郭璞《江賦》：
　　沉濆皛漫·《註》：皛漫，深白貌·

　　又《玉篇》：明也·陶潛《江陵夜行
　　詩》：皛皛川上平·《註》：皛皛，

明也。

又，䲆飯。曾慥《高齋漫錄》：錢穆
父召東坡食䲆飯，及至，設飯一盂，
蘿蔔一碟，白湯一盞，蓋以三白為䲆
也。

又，jiǒng《集韻》戶茗切，音：迥，
ㄐㄩㄥˇ。亦白也。

又，jiǒng《集韻》畎迥切，《正韻》
古迥切，䒭音：熲，ㄐㄩㄥˇ。亦明也。

又，pò《廣韻》普伯切，《集韻》匹
陌切，䒭音：拍，ㄆㄛˋ。打也。左思
《蜀都賦》：䲆狖䖄于夢竹。《註》
：䲆，當為拍抒也。

䲆：白部二十四畫

　音：cún《海篇》音：存，ㄘㄨㄣˊ

　義：未詳

皿部：mǐn，音：ㄇㄧㄣˇ

　盍：皿部三十三畫

　音：kǎi《海篇》音：愷，ㄎㄞˇ，又讀：咳
　　，ㄎㄞˊ

義：未詳

目部：mù，音：ㄇㄨˋ

瞴：目部十畫

音：mié《字彙》彌邪切，音：眫，ㄇㄧㄝ

義：《字彙》：目也。

眗：目部十畫，《玉篇》：與"瞿"同。

音：jù《唐韻》九遇切，《集韻》俱遇切，茲音：句，ㄐㄩ

義：《說文》：眗，左右視也。《元包經》：大有眗䥥于頁，傳曰：目之覽也。《註》：眗目，頁首也。

又，彥眗，人名，見《宋史·宗室表》：彥眗，本作：彥顝。

又，jù《廣韻》舉朱切，《集韻》恭于切，茲音：句，平聲，ㄐㄩ，義同

按：眗，《玉篇》：與"瞿"同。《集韻》：或作"顝"、"眴"。《六書故》：通作"眔"。《六書統》：戴侗合"眗"、"瞿"、"眔"為一。

瞐：目部十三畫，古文"醜"字，亦作：魗

音：juàn《唐韻》居倦切，《集韻》古倦切，茲音：眷，ㄐㄩㄢˋ

義：《說文》：睊，目圍也。从明冂，讀若書卷之卷，古文以為醜字。

又，chǒu《集韻》：醜，古作：睊。按《字彙》、《正字通》譌作〞睊〞，誤入目部七畫、非。

又，chǒu《唐韻》、《集韻》、《韻會》、《正韻》茲齒九切，音：繭，上聲，ㄔㄡˇ

《說文》：醜，可惡也。从鬼，酉聲。《詩·小雅》：日有食之，亦孔之醜。《詩經今注》：有，通又。孔，很。醜、惡也，猶凶。《傳》：醜，惡也。《左傳·文十八年》：醜類惡物。《註》：醜，亦惡也。《前漢書·項羽紀》：項王為天下宰不平，今盡王故王於醜地。

又《釋名》：臭也，如臭穢也。

又，惡之也。《左傳·昭二十八年》

：惡直醜正，實蕃有徒。《史記‧殷本紀》：伊尹去湯適夏，既醜有夏，復歸於亳。

又，相惡也。《戰國策》：又身自醜於秦。《註》：自醜於秦，與秦惡也。

又，羞也。《史記‧魏世家》：以羞先君宗廟社稷，寡人其醜之。又《韓非傳》：在知飾所說之所敬，而滅其所醜。《註》：《索隱》曰：謂人主有所避諱而醜之，游說者當滅其事端而不言也。

又，猶惡也。《前漢書‧五行志》：或形貌醜惡，亦是也。《淮南子‧說山訓》：不求美，又不求醜，則無美無醜矣。

又，類也。《易‧漸卦》：夫征不復，離群醜也。《疏》：醜，類也。《孟子》：地醜德齊。

又，眾也。《詩‧小雅》：執訊獲醜。《箋》：醜，眾也。《左傳‧定四年》：將其醜類。《註》醜，象也。

又，比也。《禮·學記》：古之學者，比物醜類。《註》：醜，猶比也。

又，揚子《方言》：醜，同也，東齊曰醜。

又，山名。《山海經》：崑崙之丘，洋水出焉，而西南流注于醜塗之水。《註》：醜塗，水山名也。

又《禮·內則》：鱉去醜。《註》：醜，謂鱉竅也。

又，姓。《後漢書·袁術傳》：有醜長。又，複姓。《西秦錄》：有下將軍醜門于弟。

醜氏，《姓氏考略》後漢有醜長，見《袁術傳》。一云：醜姓當以諡為氏，又或為醜門氏所改。

醜門氏，《姓氏考略》：夷姓，《西秦錄》有將軍醜門于弟。

又《諡法》：怙威肆行曰醜。《晉書·何曾傳》：會驕奢過度，宜諡”繆醜"。

又，chǔ《韻補》叶敞呂切，音：杵，
ㄔㄨˇ。《易林》：東家中女，媒母敢
醜。三十無家，媒自勞苦。

按：醜之異體字，《集韻》或作"醜"。

䀏：目部十五畫

音：mò《廣韻》莫角切，《集韻》墨角切
，夶音：邈，入聲，ㄇㄛ

義：《玉篇》：美目也。

又《類篇》：目深也。

按：䀏之異體字，《六書故》亦作：瞐。

瞢：目部十五畫

音：měng《字彙補》莫登切，音：懜，上
聲，ㄇㄥˇ

義：《字彙補》：目不明也。

矗：目部二十四畫

音：chù《廣韻》丑六切，《集韻》、《韻
會》敕六切，夶音：怵入聲，ㄔㄨˋ

義：《玉篇》：齊也，草木盛也。左思《
吳都賦》：楠榴森萃。

又《廣韻》：直也。《元包經》：語其義，則矗然而不誣。《註》：直而不忘也。

又《集韻》：長直貌。謝靈運《山居賦》：直陌矗其東西。杜牧《阿房宮賦》：蜂房水渦矗，不知其幾千萬落。

又《增韻》：聳上貌。《正韻》：高起也。司馬相如《上林賦》：崇山矗矗。

又，chù《廣韻》、《集韻》初六切、《正韻》昌六切，茲音：琡，ㄔㄨˋ。

又，chóng《集韻》丑眾切，音：忡，去聲，ㄔㄨㄥˊ。義，茲同。

案：本字為矗，"矗"讀觸不讀直，亦不讀聳。俗有誤讀"直"，或誤讀"聳"者，失正

又，甲文、金文"矗"字闕，小篆"矗"從三直，三直有盡見其直意。本義作直貌解，《集韻》乃指物體之挺直高聳而言。

矛部：máo，音：ㄇㄠˊ

　釋：矛部十畫，《篇韻》：同"矛"。

　音：máo《唐韻》莫浮切，《集韻》、《韻
　　　會》迷浮切，夶音：謀，ㄇㄡˊ

　義：《篇韻》：同"矛"。

　　《說文》：酋矛也，建於車，長二丈
　　，象形。徐曰：鈎兵也。《書·牧誓
　　》：立爾矛。《傳》：矛長，故立之
　　於地。《詩·秦風》：厹矛鋈錞。《
　　詩經今注》：厹（音：求）矛，即酋
　　矛，矛頭三稜形。錞（音：兌），即
　　鐏，矛戟柄下端之平底金屬套。鋈錞
　　，用白銅做的鐏。《傳》：三隅矛也
　　。《禮·曲禮》：進矛戟者前其鐓。
　　《疏》：矛如鋋而三廉也。《周禮·
　　冬官·考工記·廬人》：酋矛常有四
　　尺，夷矛三尋。《註》：八尺曰尋，
　　倍尋為常，酋、夷，長短各。《史記
　　·仲尼弟子傳》：越使大夫種以屈盧
　　之矛賀吳王。《尉繚子·制談篇》殺

人於五十步之內者，矛戟也。揚子《方言》：矛、吳揚江淮南楚五湖之間，謂之鍦，或謂之鋋，或謂之鏦。

又，言不相副曰矛盾。《韓非子‧難一篇》：楚人譽其盾之堅曰：物莫能陷也，又譽其矛之利曰：物無不陷也。或曰：以子之矛，陷子之盾，何如？其人弗能應，此矛盾之說也。

又，星名。《史記‧天官書》：杓端有兩星，一內為矛招搖，一外為盾天鋒。《註》：招搖為天矛，近北斗者也。

又，藥名。《本草綱目》：衛矛，一名鬼箭。李時珍曰：齊人謂箭羽為衛，此物幹有直羽，如箭羽矛刃自衛之狀，故名。

石部：shí，音：ㄕˊ

硦：石部十畫，《廣韻》：同"礐"。

音：lè《廣韻》力摘切，音：礐，ㄌㄜˋ

義：《廣韻》：石聲，同"礐"。

《六書略》：二石相擊成聲。

又，què《廣韻》苦角切，《集韻》、《韻會》克角切，夶音：礭，ㄑㄩㄝ《爾雅·釋山》：山多大石也。

《說文》：礐，石聲也。从石學，省聲。

又，xué《廣韻》胡覺切，音：學，ㄒㄩㄝ。《正字通》：〞礐〞與〞嶨〞通，有却、學二音，兼山多石、石聲二義，字雖有从石、从山之別，然山石一類，《說文》嶨訓：山多石，礐訓：石聲，誤分為二，《集韻》合之，是也。

又，hú《廣韻》胡沃切，音：鵠ㄏㄨˊ。又，hú胡谷切，音：斛，ㄏㄨˊ。義夶同。

又，lè力摘切，音：礐，ㄌㄜˋ。〞礐硌〞，水石聲。郭璞《江賦》：幽澗積岨，礐硌礚礭。《註》：皆水激石，嶮峻不平貌。

又，li《集韻》離宅切，音力，ㄌㄧˋ。義同。

磊：石部十五畫

音：lěi《唐韻》落猥切，《集韻》、《韻會》、《正韻》魯猥切，太音：壘，ㄌㄟˇ。

義：同"磥"。《說文》：磊，衆石也，从三石，亦作"磥"。《楚辭．九歌》：石磊磊兮葛蔓蔓。《古詩》：磊磊澗中石。

又，磊砢。司馬相如《上林賦》：水玉磊砢。《註》：魁壘貌。又《世說》：孫楚云：其人磊砢而英多。

又，與"礧"通。《晉書．石勒載記》：大丈夫行事，當礧礧落落如日月。《註》："礧"，作"磊"。

𥗊：石部二十畫，《搜真玉鏡》與"磊"同

案：音、義，參見"磊"字，詮釋。

示部：shì，音：ㄕˋ

𥘅：示部十畫，《標準學生字典》古算字。

音：suàn《唐韻》、《集韻》並蘇貫切，
音：算、ㄙㄨㄢˋ

義：《標準學生字典》、《東方國語辭典
》：祘，古〝算〞字。

《說文》：祘，明視以算之，从二示
。《周逸書》曰：士分民之祘，均分
以祘之也，讀若算。《正論》：从二
示，會意。

案：《標準學生字典》：祘，〝算〞的簡
體字。《新華字典》：算，簡作〝祘
〞。

禾部：hé，音：ㄏㄜˊ

秝：禾部十畫

音：lì《唐韻》、《集韻》並郎擊切，讀
若歷，ㄌㄧˋ

義：《說文》：秝，稀疏適秝也。从二禾
，凡歷、曆等字从此。

又〝秝〞，或作〝櫪〞。

《標準學生字典》：秝，稀疏均勻的
樣子。形容詞，例如：適秝。

穔：禾部十六畫，《集韻》"兼"，古作：
穔。又《字彙補》古文"謙"字。

音：jiān《唐韻》古甜切、《集韻》、《
韻會》堅嫌切、《正韻》古嫌切，丛
音：縑，ㄐㄧㄢ

義：《集韻》："兼"，古作：穔。
《說文》：兼，幷也。从手持禾，兼
持二禾也。徐曰：會意。秉持一禾，
兼持二禾。可兼持者，莫若禾也。
《易·繫辭》：兼三才而兩之。《前
漢書·王莽傳》：縣宰缺者，數年守
兼。《註》師古曰：不拜正官，令人
守兼也。
又，姓。《韻會》：衛公子兼之後。
見《風俗通》、《姓氏考略》。
又，qiān《唐韻》、《集韻》、《韻
會》、《正韻》丛苦兼切，音：歉，
平聲，ㄑㄧㄢ
《說文》：謙，敬也。从言兼聲。《
玉篇》：讓也。《增韻》：致恭也。

不自滿也。

又，卦名。《易·謙卦》：謙亨，君子有終。《釋文》：卑退為義，屈己下物也。朱子《本義》：有而不居之義。《史記·樂書》：君子以謙退為禮。

又，姓。見《字彙》。《姓氏考略》：謙，望出河西（即今山西臨汾）。四秦有謙屯。宋有謙開善。

又《集韻》或作〞嗛〞。《前漢書·藝文志》：《易》之嗛嗛。師古《註》：與〞謙〞同。司馬相如《封禪書》：陛下嗛讓而弗發也。《史記》作〞謙讓〞。

又，xián《正韻》胡兼切，與〞嫌〞同。讀：ㄒㄧㄢ。《荀子·仲尼篇》：信而不處謙。《註》：言得信於上，不處嫌疑，使人疑其作威福也。

又，qián《集韻》、《正韻》太苦簟切，音：歉，上聲，ㄑㄧㄢˇ

安靜也。《禮·大學》：此之謂自謙。《註》：謙，讀為慊。慊之言厭也。朱《傳》：謙，快也，足也。《韻會》：謙，與"慊"通。

又，qiè《字彙》苦劫切，音：怯，ㄑㄧㄝ。《大學》義同，朱子讀。

按：《正字通》：譧，同"謙"。《六書統》一作"譧"。

   秦秦：禾部三十畫，《字彙補》：古文國字。

音：guó《唐韻》古或切，《集韻》骨或切，达音：䘑，入聲，《ㄍㄨㄛˊ

義：《說文》：國，邦也，从囗从或。《周禮·夏官·量人》：掌建國之法，以分國為九州。又《冬官·考工記》：匠人營國，旁三門，國中九經九緯，經涂九軌，左祖右社，面朝後市。《禮·王制》：五國以為屬，十國以為連，二十國以為卒，二百一十國以為州。《孟子》：大國地方百里，次國地方七十里，小國地方五十里。

又《周禮·地官·掌節》：山國用虎節，土國用人節，澤國用龍節。《註》：山國、多山者。土國平地也。澤國多水者。

又，滅人之國曰勝國。《左傳·註》：勝國者，絕其社稷，有其土地也。

又，九州之外曰外國，亦曰絕國。《後漢書·班超傳》：君侯在外國三十餘年。又，遠處絕國。

又，兩國相距曰敵國。《孟子》：敵國不相征也。

又，城郭國外國，行國。宋·程大昌《備北邊對》：漢西域諸國有城郭國，有行國。城郭國築城為守者，行國不立城，以馬上為國也。

又，外國來附者曰屬國。《李陵答蘇武書》：聞子之歸位，不過典屬國。《註》：典，掌也，即掌屬國之事者。

又，姓。《姓苑》：太公之後、齊有國氏，世為上卿。宋有國卿。

《姓氏考略》：國，《路史》禹之御
有國哀，《姓源》春秋時代，國氏為
齊之卿族，世為上卿，子孫沿其氏。
《姓纂》鄭穆公子發，字子國，孫僑
以王父字為氏。望出下邳（治所在今
江蘇睢寧西北）。

　又、衛亦有國氏。

　又、百濟大臣八姓：有國氏。

穴部：Xuè，音：ㄒㄩㄝˋ

　竀：穴部二十四畫

　　音：tóng《篇海》大紅切，音：同ㄊㄨㄥˊ

　　義：《篇海》：風聲也。

　　案：工部〞竀〞，字同、音近，義異耶。

立部：lì，音：ㄌㄧˋ

　竝：立部十畫，〞並〞本字。

　　音：bìng《廣韻》蒲迥切，《集韻》、《
　　　　正韻》部迥切，夶音：併，ㄅㄧㄥˋ

　　義：《標準學生字典》：竝，〞並〞的本
　　　　字。

　　　《類篇》：併也、比也、皆也、偕也

，近也。《書‧立政》：以竝受此丕丕基。《詩‧齊風》：竝驅從兩肩兮。《禮‧禮運》：聖人參於天地，竝於鬼神。

又，bàng《類篇》蒲浪切，音：傍，去聲，ㄅㄤ。近也，《晉書‧百官志》：侍中、中常侍得入禁中，散騎竝乘輿車。又，連也。《史記‧大宛傳》：竝南山。《前漢書‧郊祀志》：北竝勃海。

又，bàn《類篇》部滿切，讀如：伴，ㄅㄢ。《前漢書‧地理志》：牂柯郡屬縣。《註》：竝，音：伴。

按：竝之異體字，亦作"並"，《正字通》又同"竝"。

韼：立部十八畫
音：jǐ《玉篇》居綺切，《海篇》音：儿，ㄐㄧˇ
義：《海篇》：立正也。
競：立部二十畫，俗作"覓"。

音：jìng《廣韻》渠敬切，《集韻》、《韻會》渠映切，《正韻》具映切，𠀤音：傹，ㄐㄧㄥ。

義：《廣韻》、《集韻》、《韻會》、《正韻》𠀤音：傹，彊也。《書·立政》：乃有室大競。《爾雅·釋詁》：競，彊也。《左傳·僖七年》：心則不競，何憚于病。

又，爭也，逐也，高也，遠也。《詩·商頌》：不競不絿。《詩經今注》：競，爭也。絿，急躁。《註》：競，逐也。《左傳·襄十年》：鄭其有災乎，師競已甚。《註》：爭也。《哀二十三年》：敝邑有社稷之事，使肥與有職競焉。《註》：遠也。

又《增韻》：盛也。《左傳·昭三年》：二惠競爽。

又《集韻》：或作"𧩥"，亦作"傹"。《周禮·春官·鐘師》註：繁遏執傹也。《韻會補》：又作"倞"。

《開元五經文字》：《毛詩》：秉心
無俸。

又，借作〝境〞。秦《詛楚文》：奮
奕盛師，以偪佸邊競。

又，叶居良切。《黃庭經》：魂魄內
守不爭競，神生腹中銜玉鐺。

又，叶其兩切。《詩·大雅》：靡所
止疑，云徂何往。君子寶維，秉心無
競。《詩經今注》：疑，定也。止疑
，停息。此句作者自言無處安身。云
，發語詞。徂，去也。君子，作者自
稱。維，借為惟，思也。是言作者自
己在想。秉心，持心、存心。無競，
無爭。

又〝競〞字今義，《標準學生字典》
、《新華字典》、《東方國語辭典》
、《超群國語辭典》、《現代漢語詞
典》，皆作動詞：諸如：競爭、競技
、競走、競渡、競賽、競選、生存競
爭、物競天擇，……………

案：競，簡作〝竞〞、俗作〝覔〞，與〝競〞同。

競：立部二十畫

音：lā《龍龕手鑑》音：拉，ㄌㄚ

義：未詳

覔：立部二十二畫，《篇海》：與〝覔〞同

音：jìng 叶其兩切，音：競，ㄐㄧㄥˋ

義：《篇海》：與〝覔〞同。

《字彙補》：覔，即〝競〞字。王延
壽《夢賦》：晋文監腦圖以覔今。

案：參見〝競〞字，詮釋。

竹部：zhú，音：ㄓㄨˊ

箈：竹部十八畫

音：zhì《捜真玉鏡》音：置，ㄓ
又，jí 音：戢，ㄐㄧˊ

義：未詳

籶：竹部二十四畫

音：sè《五音篇海》音：色，ㄙㄜˋ
又，shā 音：殺，ㄕㄚ

義：未詳

米部：mǐ，音：ㄇㄧˇ

　粖：米部十二畫

　　音：mǐ《五音篇海》音：米，ㄇㄧˇ

　　義：未詳

　𥞊：米部十六畫，《集韻》躇，古作：𥞊。

　　《字彙補》：毋，古文"躇"字。見《

　　韻會小補》。

　　案：音、義，參見"毋"字，詮釋。

　糅：米部十八畫

　　音：róng《搜真五鏡》音：榮，ㄖㄨㄥˊ

　　義：未詳

系部：mì，音：ㄇㄧˋ

　絲：系部十二畫，簡體作"丝"。

　　音：sī《廣韻》息茲切，《集韻》、《韻

　　會》新茲切，茲音：思，ㄙ

　　義：《說文》：絲，蠶所吐也，从二系。

　　《急就篇》註：抽引精繭出緒曰絲。

　　《書·禹貢》：厥貢漆絲。《詩·召

　　南》：素絲五紽。案：素、白色。紽

　　（音：駝），周代人之衣，一邊縫上

五個（或三個）絲繩紐子，古語曰紽，今語稱紐。一邊縫上五個（或三個）絲繩套兜，古語曰緎，今語稱扣。穿上衣把紽納入緎內，是所謂總。於稱五紽五緎五總音，像以絲繩結衣之紐扣。紽即衣紐，緎是圍圈形。今語秤錘稱"秤鉈"、飯圍稱"飯鉈"、古語衣紐曰"紽"、正是一個"語根"之擴展耶。見《詩經今注》

《周禮‧天官‧大宰》：嬪婦化治絲枲。又《典絲》：掌絲入而辨其物。

《左傳‧隱四年》：猶治絲而棼之也。

又《周禮‧春官‧大師》：皆播之以八音：金、石、土、革、絲、木、匏、竹。《註》：絲，琴瑟也。

又《禮‧緇衣》：王言如絲。《疏》：微細如絲。

按：《五經文字》：絲，作"絲"譌。《韻會》：俗作"絲"，誤。

又《說文》"絲"自為部，今併入。

羊部：yáng，音：一尤

羴：羊部十八畫

音：shān《廣韻》式連切，《集韻》尸連
切，音：膻、ㄕㄢ

義：《說文》：羴，羊臭也。從三羊。
又，xiān《廣韻》許閑切，《集韻》
虛閑切，讀若ㄒㄧㄢ。義茲同。
又，shān《廣韻》失然切。義同。

按：羴，亦作"羶"、"羵"、"羶"。
《說文》"羴"字自為部，今從《正
字通》併入。

羑：羊部十八畫，亦作"羑"。

音：yǒu《廣韻》與久切，音：酉、一ㄡˇ

義：《廣韻》：水名。羑水，源自河南湯
陰縣北。

羴羴：羊部三十畫

音：yáng《海篇》音：瀁、一尤ˇ

義：未詳

羽部：yǔ，音：ㄩˇ

羽：羽部六畫

音：yǔ《廣韻》、《集韻》、《韻會》迖王矩切，音：禹，ㄩˇ

義：《說文》：羽，鳥長毛也。《廣韻》：鳥翅也。《易·漸卦》：其羽可用為儀。《書·禹貢》：齒革羽毛。《傳》：羽，鳥羽。

又《周禮·天官·庖人》：冬行鱻羽。《註》：羽，雁也。又《地官·司徒》：宜羽物。《註》：翟、雉之屬。《禮·月令》：其蟲羽。《註》：象物從風鼓葉，飛鳥之屬。

又，五聲之一。《周禮·春官·大師》：皆文之以五聲：宮、商、角、徵、羽。又《大司樂》：凡樂，圜鐘為宮，黃鐘為角，大簇為徵，姑洗為羽。《註》：凡五聲，宮之所生，濁者為角，清者為徵、羽。《禮·月令》：其音羽。《註》：羽數四十八，屬水者，以為最清物之象也。又《樂記》：宮為君，商為臣，角為民，徵為事，羽為物。《前漢書・律歷志》：
羽，宇也，物聚臧宇覆之也。

又，舞者所執也。《書・大禹謨》：
舞干羽于兩階。《傳》：羽，翳也，
舞者所執。《周禮・地官・舞師》：
教羽舞。《註》：羽，析白羽為之，
形如帗也。《左傳・隱五年》：初獻
六羽。公問羽數于眾，仲對曰：天子
用八，諸侯六，大夫四。

又，山名。《書・舜典》：殛鯀于羽
山。《傳》：羽山東裔在海中。又《
禹貢》：蒙羽其藝。《疏》：羽山在
東海祝其縣南。《史記・五帝紀註》
：羽山在沂州臨沂縣界。

又，星名。《史記・天官書》：其南
有眾星，曰羽林天軍。《註》：羽林
四十五星，三三而聚散在壘辟南，天
軍也。

又，官名。《前漢書・百官志》：期
門羽林。《註》：師古曰：羽林，亦

宿衛之官，言其如羽之疾，如林之多也。一說，羽所以為王者羽翼也。

又，姓。《左傳·襄三十年》：羽頡出奔晉。《姓氏考略》鄭穆公之子揮，字子羽。其孫頡，奔晉為任大夫，以王父字為氏，望出河南（治所雒陽，在今洛陽市東北）。

又《山海經》：羽民國，其人長項，身生羽。

又，yú《廣韻》、《集韻》、《韻會》㪌王遇切，音：雩，ㄩ。義同。

又，hù《集韻》、《類篇》㪌後五切，音：戶，ㄏㄨˋ。緩也。《周禮·冬官·考工記·矢人》：五分其長，而羽其一。

翼：羽部十二畫，本"翳"字。

　音：yì《廣韻》五計切，《集韻》研計切，㪌音：詣，一ˋ

　義：本"翳"字，《說文》作"翳"，羽之翳風。亦古諸侯也，一曰射師。

《五經文字》：〝羿〞，隸省作〝羿
〞。《書·五子之歌》：有窮后羿。
　按：《正字通》此字下尚有〝駑〞字，已
　　入《弓部》，重出，今刪。

翏：羽部十二畫，《字彙補》古文〝戮〞字
　音：仏《唐韻》、《韻會》力竹切，《集
　　韻》力六切，丛音：陸，ㄌㄨˋ
　義：《字彙補》：古文〝戮〞字。見顏氏
　　《刑謬正俗》。
　　按：即〝翏〞字之譌。
　　《說文》：戮，殺也。从戈翏聲。《
　　廣韻》：刑戮。
　　又《晉語》：殺其生者，而戮其死者
　　。《註》：陳尸為戮。
　　又，癡行也。
　　又，辱也。《左傳·文六年》：夷之
　　蒐，賈季戮臾駢。臾駢之人欲盡殺賈
　　氏以報焉，臾駢曰：不可。《爾雅·
　　釋詁》：病也。《註》：相戮辱，亦
　　可恥病也。

又，或作 "僇"。《荀子‧非相篇》：為天下大僇。《史記‧田單傳》：僇及先人。

又，與 "勠" 通。《書‧湯誥》：與之勠力。

亦與 "雜" 通。野鵝也。揚雄《蜀都賦》：勠兔初乳。案：雜與 "鵝" 通，《集韻》：與 "鵝" 通。《說文》：鵝，蔞鵝也。《爾雅‧釋鳥》：鵝，鶬鵝。郭《註》：今之野鵝。

又，liáo《集韻》憐蕭切，《正韻》憐條切，太音：聊，ㄌㄧㄠˊ。

又，liù《正韻》力救切，音：溜，ㄌㄧㄡˋ。義，太同。

翡：羽部十四畫

音：fēi《廣韻》扶涕切，《集韻》父沸切，太音：費，ㄈㄟˋ

義：《說文》：翡，赤羽雀也，出鬱林，從羽非聲。《玉篇》：鳥似翠而赤。《異物志》：翠鳥形如燕，赤而雄四翡，青而雌曰翠。

案：翡、翠合義，統稱〝翡翠〞，今多為〝名詞〞用。諸如：

翡翠：是玉的一種，質地堅硬而精緻，青綠色、半透明、光澤亮麗，用作手釧、指環等裝飾品，非常珍貴。

翡翠鳥：屬鳴禽類，似燕，形如魚狗，嘴長而直，多棲息在湖沼邊樹林中，捕食魚和昆蟲，俗稱〝魚狗〞。雄的謂之〝翡〞，雌的叫做〝翠〞。

老部：lǎo，音：ㄌㄠˇ

耂：老部十二畫

音：hūn《篇海》呼昆切，音：昏，ㄏㄨㄣ

義：《篇海》：耂也。

耊：老部十八畫

音：rǒng《篇韻》音：冗、ㄖㄨㄥˇ

又，xiōng 音：洶、ㄒㄩㄥ

義：未詳

耄耄：老部二十四畫

音：wáng《篇韻》音：忘、ㄨㄤˊ。又，讀

：ㄨ尤

義：未詳

而部：ér，音：儿

需：而部十二畫，《集韻》：需，俗作：需

音：ér，人之切，音：而，儿

義：《集韻》："需"，俗作"需"。

《六書統》：需，連繫也，从二而。

案：人之切，與"需"音、義別。

耳部：ér，音：儿

聑：耳部十二畫

音：dié《唐韻》丁愜切，《集韻》的愜切

，𡘜音：呭，ㄉ一ㄝˋ

義：《說文》：聑，安也，从二耳。馬融

《長笛賦》：瓠巴聑柱，磬襄弛懸。

《註》：聑，安也。

又，揚子《方言》：揚越之郊，凡人

相侮，以為無知，謂之聑。聑，耳目

不相信也。

又《廣韻》：耳垂貌。

又，zhé《集韻》陟革切，音：摘，

ㄓㄚˊ。耳豎貌。

聶：耳部十八畫

音：niè《廣韻》、《韻會》、《正韻》尼
輒切，音：躡，ㄋㄧㄝ

義：《說文》：聶，附耳私小語也，从三
耳。徐曰：一耳就二耳也。《史記·
魏其武安侯傳》：乃效兒女子咕聶耳
語。韋曰：咕聶，附耳小語聲。

又，攝也。《管子·侈靡篇》：十二
歲而聶廣。《註》：代將亂，而攝其
廣。

又《莊子·大宗師》：瞻明聞之聶許
。《註》：聶許，許與也。攝而保之
，無所施與也。

又，地名。《春秋·僖元年》：齊師
、宋師、曹師，次于聶北，救邢。《
註》：聶北，邢地。《山海經》：濛
水出漢陽，西入江聶陽西。《註》：
聶陽，《水經注》引此作"灄陽"。
《後漢書·郡國志》：東郡有聶戚。

又，國名。《山海經》：聶耳之國在無腸國東，為人兩手聶其耳。《註》：言耳長，行則以手攝持之也。

又，姓。《史記·刺客傳》：聶政者，軹深井里人也。《姓譜》：楚大夫食采于聶，因以為氏。

《姓氏考略》：聶，《急就篇注》，聶本地名，因以為姓。《姓纂》衛大夫食采於聶，因氏焉。《廣韻》、《韻譜》均作：楚大夫。望出河東（治所安邑，在今山西夏縣西北）、新安（治所在今浙江淳安西）。

又，人名。《史記·刺客傳》：荊軻嘗游過榆次，與蓋聶論劍。《註》：《索隱》曰：蓋姓，聶名。

又，rè《集韻》日涉切，音讘，曰囁。亦私語也。

又，zhé《正字通》直涉切，與〝牒〞同，薄切肉也。《禮·少儀》：牛與羊魚之腥，聶而切之為膾。《註》：

矗之言牒也。先蘀葉切之，後報切之，則成牒也。

又，yè《集韻》弋涉切，音：葉，一せ。與"撲"同，"撲撲"，動貌。

又，zhé質涉切，音：謵，ㄓㄚ。合也。《爾雅·釋木》：守宮槐葉，晝矗宵炕。《註》：槐葉晝日矗合而夜炕布者，名為守宮槐。矗，音輒。ㄓㄜ

又，shè實欇切，音：涉，ㄕㄜ。與"欇"同。蔓木。

又，chè尺涉切，音：謵，ㄔㄜ。木葉動貌。

聿部：yù，音：ㄩ

肅：聿部二十畫。《字彙補》古文"肆"字

　案：音、義，參見ヨ部"肅"字，詮釋。

肉部：ròu，音：ㄖㄡˋ

燚：肉部十六畫

　音：xián《字彙補》徐廉切，音：爛，
　　　ㄒㄧㄢˊ，亦讀：焰，一ㄢ

　義：《字彙補》：湯瀹肉也。

臣部：chén，音：彳ㄣˊ

臦：臣部十二畫

音：guàng《唐韻》居況切，《集韻》古況
切，茲音：誑，ㄍㄨㄤ

義：《説文》：臦，乖也，从二臣相違。
《集韻》：背也。

又，wǎng《集韻》嫗往切，音：枉，
ㄨㄤ。又，kuàng求枉切，音：狂，
ㄎㄨㄤ。義，茲同。

又，jiǒng俱永切，音：憬，ㄐㄧㄥˇ。
《廣韻》、《集韻》茲俱永切，音：
煚，ㄐㄩㄥˇ。人名，周有伯臦。通作
"冏"。《周書》曰：伯臩，周穆王
臣。今作"冏"。

案：臦，通作"冏"。"臩"、"冏"古
通用，今作"冏"。

臩：臣部十二畫，《龍龕手鑑》與"臦"同
案：音、義，見"臦"字，詮釋。

臨：臣部十二畫

音：wáng《五音篇海》音：王，ㄨㄤˊ

義：未詳

至部：zhì，音：ㄓˋ

　蛭：至部十二畫

　　　音：rì《唐韻》、《集韻》太人質切，音
　　　：日，日ˋ

　　　義：《說文》：蛭，到也，从二至。

　　　　　又，zhì《廣韻》止而切，音：之，ㄓ

　　　　　又，zhì《集韻》竹力切，音：陟，ㄓˋ
　　　　　。義，太同。

　　　　　又《廣韻》：如一也。

　　　　　又《春秋元命包》：醜蛭蛭，言讕讕
　　　　　。《註》：蛭，音：臻，至也。

　　　　　又，jìn《正字通》：趙古則曰：蛭，
　　　　　即刃切，音：進，ㄐㄧㄣˋ。前往也。

　蚕：至部十八畫

　　　音：zhì《玉篇》職日切，音：質，ㄓˋ

　　　義：《玉篇》：窒也。

臼部：jiù，音：ㄐㄧㄡˋ

　臼：臼部六畫，《玉篇》：古文"匊"字。

　　　音：jú《集韻》拘玉切，音：挶，ㄐㄩˊ

義：《集韻》：叉手也。

《玉篇》：古文〝匊〞字。

又，讠山《唐韻》、《集韻》、《韻會》、《正韻》並居六切，音：菊，ㄐㄩˊ

《說文》：匊，在手曰匊，从勹米。

《徐曰》：手掬米，會意。《玉篇》：兩手也，滿手也，手中也，物在手也。《詩·唐風》：椒聊之實，蕃衍盈匊。《詩經今注》：匊，古〝掬〞字，兩手合捧。朱子詩：從容出妙句，珠貝爛盈匊。

又《韻會》：一手曰匊。《詩·小雅》：終朝采綠，不盈一匊。《詩經今注》：綠，借為菉，草名，可以染黃。匊，古〝掬〞字。雙手合捧為掬。賈島詩：虯龍一匊波，洗蕩千萬春。

按：《集韻》：匊，或作〝掬〞，《玉篇》：古文〝臼〞字。

臼：臼部十二畫，《字彙補》古文〝為〞字

案：音、義，參見"鬧"〈喬〉字詮釋。

鼎：臼部十三畫，《字彙補》古"申"字，
《玉篇》本作"事"。

案：音、義，參見"事"字、詮釋。

𦥔：臼部十八畫，《集韻》：古文"寅"字

音：Yín《唐韻》弋真切，《集韻》、《韻
會》夷真切，茲音：寅，一ㄣˊ

義：《說文》：寅，髕也，本作"寅"。
徐曰：髕，擯斥之意。正月陽氣上銳
，而出閡於宀也，臼所擯也。象形。
今作：寅，東方之辰，一曰孟陬。《
前漢書‧律歷志》：引達於寅。《爾
雅‧釋天》：太歲在寅曰攝提格。
又《玉篇》：演也，敬也，強也。《
書‧堯典》：寅賓出日。《註》：寅
，敬也，以賓禮接之出日。方出之日
蓋以春秋之旦，朝方出之日，而識其
初出之景也。又《舜典》：汝作秩宗
，夙夜惟寅。《註》：言夙夜敬思其
義也。又《皋陶謨》：同寅協恭和衷

哉！《註》：謂當同其寅畏，協其恭
敬，使民彝物，則各得其正也。
又，yí《廣韻》以脂切，《集韻》、
《韻會》、《正韻》延知切，夶音
夷，一。義同。

按：《說文》"寅"訓髕也，《夕部》"
夤"訓敬惕。今諸書"寅"字，兼敬
惕義，"寅"、"夤"二字古疑通。
又《說文》：寅，本作"𡩟"，《集
韻》：寅，本"寅"字，古作"𡩟"。

𡫐：臼部四十八畫
　音：ying《五音篇海》烏鄧切，音：瀴，
　　一ㄥˋ
　義：《五音篇海》：藝也，俗作"蓺"。

𡫑：臼部六十四畫
　音：zhèng《五音篇海》音：政，ㄓㄥˋ
　義：未詳

舌部：shé，音：ㄕㄜˊ
　舚：舌部十二畫
　音：zhān《五音篇海》音：沾，ㄓㄢ

義：未詳

舌舌舌：舌部十八畫，同"話"，本作"舌舌舌舌"，
　　古文"咠"字。

音：gi《唐韻》、《集韻》、《韻會》、
　　《正韻》迄七入切，音：緝，ㄑㄧ

義：《字彙》：舌舌舌，同"話"，按《玉篇
　　》古文"話"本作"舌舌舌舌"，又《談薈
　　》：古文"咠"字。

　　《說文》：咠，聶語也。從口耳。

　　《玉篇》：咠咠，口舌聲也。《廣韻
　　》：咠咠，譖言也。

　　《說文》引《詩》：咠咠幡幡。按今
　　《詩·小雅》：緝緝翩翩。又：捷捷
　　幡幡。《詩經今注》：緝，通"咠"
　　，附耳私語也。翩，讀為諞（音：駢
　　），花言巧語。捷捷，同諓諓，巧言
　　貌。幡幡，猶翩翩，反覆翻動貌。

　　《六書精蘊》：謀譖人也。不象其往
　　來營營，象其反復，故重三舌，明意
　　二三其言也。

ji《廣韻》子入切，《集韻》即入切
，茲音：楫，ㄐㄧˊ。義同。

又、yi《集韻》一入切，音：揖，一
。義同。

按：咠之異體字，《集韻》或作"唈"。

譮：舌部十八畫，《玉篇》：古文"話"字

音：huà《玉篇》胡卦切，《正韻》胡挂切
，茲音：畫，ㄏㄨㄚˋ

義：《玉篇》：古文"話"字。

《說文》：話，會合善言也。《爾雅
·釋詁》：言也。《疏》孫炎曰：善
人之言也。《廣韻》：語話也。《書
·盤庚》：乃話民之弗率，誕告用亶
。《註》：告也，言也。《詩·大雅
》：慎爾出話。《傳》：善言也。《
左傳·文六年》：著之話言。《註》
：為作善言遺戒。

《廣雅》：調也，耻也。

《小爾雅》：治也。

又、wèi《唐韻》胡快切，《集韻》、

《韻會》戶快切，太音：饋，ㄨㄟˋ。
義，同。

又，huà《集韻》胡化切，華，去聲，
ㄏㄨㄚˋ。亦言也。或作"咶"。

又，hè叶胡臥切，和，去聲，ㄏㄜˋ。
白居易《效陶潛體詩》：兀然無所思
，日高尚閒臥。暮讀一卷書，會意如
嘉話。

按：《說文》本作"誻"，籀文作"譮"
，《玉篇》古文"諂"字。

艸部：cǎo，音：ㄘㄠˇ

艸：艸部六畫，亦作：卄，"草"本體字。

音：cǎo《唐韻》采老切，《正韻》采早切
，太音：草，ㄘㄠˇ

義：《標準學生字典》、《東方國語辭典
》：艸，"草"之本字，亦作：卄。
《唐韻》、《正韻》：百卉也。《儀
禮‧士相見禮》：在野則曰艸茅之臣
。《說文》：艸，百芔也。从二屮，
凡艸之屬皆从艸。

又，zhé《集韻》直列切，音：徹，
彳ㄜˊ。草，初生貌。

按：《廣韻》：〞艸〞，篆文。隸變作〞
卝〞。

卝：艸部四畫，《標準學生字典》、《東方
國語辭典》：〞卝〞，同〞艸〞字。

案：音、義，參見〞艸〞字，詮釋。

芔：艸部八畫，《集韻》：友，古作：芔。

案：形、音、義，參又部〞叐〞字詮釋。

芔：艸部九畫

音：huǐ《玉篇》許偉切，《正韻》虎委切
，太音：燬，ㄏㄨㄟˇ

義：《說文》：芔，艸之總名也。揚子《
方言》：芔，草也。東越揚州之間曰
〞芔〞。

又，huì《廣韻》許貴切，《玉篇》許
胃切，太音：諱，ㄏㄨㄟˋ

《穆天子傳》：流涕芔隕。

《史記·司馬相如傳》：芔然興道而
遷義。《註》：芔，猶勃也。

又，司馬相如《上林賦》：「藰莅芔歙
。」《註》：「林木鼓動之聲。」今注：衆
聲貌也。

按：郭忠恕《佩觿》：三十之芔爲百芔，
非。芔，音先合反。芔，音許貴反。
二字音義迥別，不應假借。

《唐韻》、《集韻》等書：芔俱通卉
。蓋芔之爲卉，文由隸變，非近代沿
寫之訛。《正字通》云：《爾雅》諸
經，凡芔皆作卉，非自今始。玆説甚
正。郭氏泥古，不可據也。

芻：艸部十畫，《新華字典》作：勹部。

音：chú《唐韻》側愚切，《正韻》楚徂切
，茲音：初，ㄔㄨ

又，zōu《集韻》葘尤切，音：鄒，
ㄗㄡ

又，chú楚鳥切，音：雛，ㄔㄨˊ

義：古今含義，綜釋如次，以供查考。

㈠名詞：《疏》：芻者，飼牛馬之草。
草，曰芻。《莊子·列禦寇》：食以

芻菉。《詩・小雅》：終朝采綠。《詩經今注》：綠，借為菉，草名，即芻也。《箋》：綠，王芻也。

藁，曰芻。《禮・祭統》：士執芻。《註》：藁也。

芻，姓氏。《姓氏考略》楚君負芻之後，負芻失國，後人以為氏。又或掌芻積者，以職為氏。

《姓考》本姓鄒，去邑為芻。望出隴西（今甘肅）。

芻豢：牛羊草食故稱芻，犬豕穀食故稱豢。《孟子・告子》：故理義之悅我心，猶芻豢之悅我口。

芻蕘：亦即草、薪之意。

芻謂草，蕘謂薪。揚雄《長楊賦》：躁踐芻蕘。

刈草之人曰芻，采薪之人曰蕘。《孟子・梁惠王》：芻蕘者往焉。

本謂刈草蕘薪者，因喻野鄙之人曰芻蕘。《詩・大雅》：先民有言，詢于芻蕘。《詩經今注》：芻蕘，割草打柴的人。意為施政應普遍徵詢意見，即使草野之人亦不應忽視。

謙稱自己文章淺陋曰芻蕘。《李白·上韓荊州書》：欲觀芻蕘，請給紙筆。

生芻。《詩·小雅》：生芻一束。《詩經今注》：生芻，餵牲畜的草。《箋》：茇草，刈取以用曰芻，故曰生芻。

梵語：謂僧曰苾芻。

又，芻尼。《許彥周詩話》：嘗作《七夕詩》，押潘尼字，難于屬和，後讀《藏經》，有呼喜鵲為〝芻尼〞。

(二)動詞：飼養。《周禮·地官》：芻之三月。《儀禮·少牢饋食禮》：繫於牢西芻之。

《說文》：芻，刈艸（草）也，象包束艸之形。

趙《註》：草牲曰芻。《韻會》：羊曰芻，犬曰豢，皆以所食得名。

韓愈《駑驥詩》：力小若易制，價微
良易酬。渴飲一斗水，饑食一束芻。

㈢形容詞：淺陋的、鄙俗的。

《唐書·李絳傳》：陛下不廢芻言，
則端士賢臣，必當自効。

王勃《上絳州司馬書》：皇圖不隔於
芻議。

㈣辨正：芻，音：雛、ㄔㄨˊ。會意字，
曰文芻。《集韻》：芻，俗作：蒭。

羅振玉氏，以為从"又"（手）持斷
屮是芻也。

金文芻與小篆芻，略同。小篆芻，象
包（即勹）束屮之形，其所包為兩束
之屮為芻，乃示已割斷之屮、故為屮
之半，本義作：刈屮解。《說文》乃
已刈之屮。

《六書正譌》芻，象包束草之形，俗
作"蒭"，非。

《干祿字書》通作"蒭"、"蒭"。

荓：屮部九畫，《篇海類編》同"芻"。

按：即 "并" 字譌者。參 "茻" 字詮釋。

茻：艸部八畫，《玉篇》："同 "茻"。

音：未詳

義：《玉篇》："同 "茻"，《篇海類編》作 "茻"，同 "茻"。

又《標準學生字典》：" 茻 "，名詞。佛經中 "菩薩"（讀ㄆㄨˊ ㄙㄚˋ）的略字。見《唐人寫經》。

案：參見 "茻" 字，詮釋。

茻：艸部十畫，《玉篇》：古文 "友" 字。

按：《集韻》：古文作 "茻"。參見〈又部〉 "叒"（友）字，詮釋。

茻：艸部十二畫，《玉篇》：作 "茻"。

音：wǎng《集韻》文紡切，音：惘，ㄨㄤˇ

義：《說文》："茻，眾艸也，从四屮。凡茻之屬皆从茻，讀與冈（音：ㄨㄤˊ）同，自為部。《正字通》入艸部。

《六書正譌》：眾艸也。象形，別作 "茻"，訓逐兔艸中也，非 "艸" "茻" 之義。

又，mǎng《廣韻》模朗切，音：莽，ㄇㄤˇ，義同。

又《通志‧六書略》：茻，蒹類，繁薈而叢生。

又，mǔ滿補切，音：姆（ㄇㄨˇ）。莫後切，音：晦（ㄇㄨˋ）。義，达同。

按：《玉篇》：作"茻"，《篇海類編》作"茻"，《直音》作"莽"。

茾：艸部十三畫

音：qiān《集韻》輕烟切，音牽，ㄑㄧㄢ

義：《類篇》：秦茾，藥草。

萍：艸部十四畫‧《玉篇》同"萍"。

音：píng《集韻》旁經切，音缾，ㄆㄧㄥˊ

義：《集韻》：草名也。

草名。《爾雅‧釋草》：萍，馬帚。

《疏》：草似蓍，俗謂蓍萍，亦稱：文馬帚，可為掃彗。

又，人名。《呂氏春秋》：青萍，趙人。為襄子驂乘，與義士豫讓友善。

又，píng《韻會》滂丁切，音：傳，

ㄆ一ㄥ。《詩・大雅》：荓云不逮。
《傳》：荓，使也。《周頌》：莫予
荓蜂。《傳》：荓蜂，摩曳也。

菲：艸部十四畫，籀文作〝荓〞。

音：ㄈㄟ《集韻》妃尾切，《正韻》敷尾切
，竝音：斐，ㄈㄟˇ

義：菜名。《說文》：菲，芴也，从艸非
聲。《詩・邶風》：采葑采菲。《詩
經今注》：葑，蘿蔔。菲，地瓜。《
疏》：郭璞曰：菲草生下濕地，似蕪
菁，華紫赤色，可食。

又《論語》：菲飲食而致孝乎鬼神。
《何晏註》：薄也。

又，揚子《方言》：菲，怒悵也。

又：ㄈㄟ《集韻》父沸切，音：狒，
ㄈㄟˇ。義同。

又，與〝扉〞通。《禮・曾子問》：
不杖，不菲，不次。《註》：菲，草
履。《前漢書・刑法志》：菲履赭衣
而不純。

又，fēi《集韻》芳微切，音：霏，
匚ㄟ。草茂貌。《廣韻》：芳菲也。
又《博雅》：菲菲，香也。司馬相如
《上林賦》：郁郁菲菲。

又，揚子《太玄經》：白黑菲菲。《
註》：雜也。《後漢書·梁鴻傳》：
志菲菲兮升降。《註》高下不定也。

綀：艸部十四畫。《篇海》：與"麻"同。

音：má《唐韻》、《集韻》莫遐切，《韻
會》、《正韻》謨加切，竝音：蟆，
ㄇㄚˊ

義：《篇海》：與"麻"同，《直音》：
作"蒜"、同"麻"。

《玉篇》：枲屬也。漬績為布，子可
食。《爾雅·釋草》：枲，麻。《疏
》：麻，一名枲。《禹貢·青州》云
：厥貢岱畎絲枲，是也。《禮·內則
》：女子執麻枲學女事，以共衣服。

又，大麻有實者名苴，無實者名枲。

《本草》：雄者名枲麻、牡麻，雌者

為苴麻、荸麻。

又《本草圖經》：蕁麻。蕁，本作"薞"。

又《詩‧幽風》：禾麻菽麥。今注：禾，穀類植物通稱。菽，豆的總稱。《禮‧月令》：食麻與犬。《黃帝素問》：麻、麥、稷、黍、豆為五穀。《正字通》：麻，即油麻。

又，胡麻。《爾雅翼》：胡麻，一名巨勝。《正字通》：言其大而勝，即今黑芝麻也。

又，疏麻。《楚辭‧九歌》：折疏麻兮瑤華。《註》：疏麻，神麻也。

又，升麻、天麻，皆藥名。

又，樂器，鼗鼓名。《爾雅‧釋樂》：大鼗謂之麻，小者謂之料。《註》：麻者，音概而長也。

又，固麻。《南史‧百濟傳》：百濟國號王所都，城曰固麻，邑曰檐魯，如中國言郡縣也。又《山海經》，有壽麻國。

又，地名。《左傳·成十三年》：晉師及秦師戰于麻隧。《註》：秦地。

又《後漢書·蓋延傳》：南伐劉永，進取麻鄉。《註》：麻鄉，縣名。

又，姓。《風俗通》：齊大夫麻嬰之後。漢·麻達，註《論語》。

《姓考》：楚大夫食采於麻（即今麻城），因氏。望出上谷，治所在今河北易縣。

又，朝廷綸命曰麻。《翰林志》：唐中書用黃白二麻為綸命，其後翰林專掌白麻，中書獨用黃麻。

又《韻補》叶謨婆切，《詩·陳風》：東門之池，可以漚麻。彼美淑姬，可與晤歌。案：《康熙字典》作《詩·齊風》，有誤。原《詩經》作《陳風》（東門之池），辨正如誌。

又，mó 叶眉波切，音：摩，ㄇㄛˊ。潘岳《河陽詩》：曲蓬何以直，託身依叢麻。黔黎竟何常，政在成民和。

按：《六書正譌》：从林，音派，麻片也
。从广，人在屋下，治麻之意。俗作
"麻"，从木，非。

𦷓：艸部二十畫，《字彙補》古"葬"字。

音：zāng《唐韻》、《集韻》、《正韻》
太則浪切，音：髒，卩尢

義：《字彙補》：古"葬"字。

《說文》：葬，臧也。从死在茻中，
一其中，所以薦之。《禮·檀弓》：
國子高曰：葬者，藏也。

又，zàng《集韻》才浪切，音：臟，
卩尢。義，與"藏"同。

又，cáng《正韻》茲郎切，音：臧，
ㄘ尢。《周禮·地官》：族師相葬埋
。劉昌宗讀。又《漢書·尹賞傳》：
枯骨後何葬。《註》：音子郎反。

按：《韻學集成》：或作"塟"，見《三
輔黃圖》。《直音》作"塟"，又作
"葬"，《玉篇》古文作"𦷓"，今

　　　　　茲書作〝藜〞。

蘿：艸部二十二畫，《直音》古之〝藜〞字

　　案：音、義，參見〝藜〞字，詮釋。

蘱：艸部二十四畫，《直音》作〝蘱〞。

　　音：xié《篇海》直甲切，音：邪，ㄒㄧㄝˊ

　　義：《直音》：作〝蘱〞。

　　　　zhá《直音》直夾切，音：協，ㄒㄧㄝˊ

　　　　。花突開。

　　按：蘱，亦作〝蘱〞。

藞：艸部二十七畫

　　音：yuè《唐韻》以灼切，《集韻》弋灼切

　　　　，茲音：藥，ㄩㄝˋ。語音：一ㄠˋ

　　義：《唐韻》、《集韻》茲音：藥，風吹

　　　　水貌。

　　　　又，lǎ《唐韻》盧下切。義，與〝藞

　　　　〞同。

　　　　又，lǎ《集韻》呂下切，音：砢，

　　　　ㄌㄨㄛˇ。《玉篇》：藞礍，不中貌。

　　　　又《類篇》：藞苴，泥不熟貌。

　　按　《正字通》〝藞〞字之譌。《集韻》

、《玉篇》諸書"蕘"與"蘂"文義
各別，唯《唐韻》"蘂蘓"之"蘂"
，文从三"若"，而仍引《玉篇》蘂
字訓詁，是借"蘂"為"蘂"，非"
蘂"即"蘂"也。《正字通》論非，
今從《字彙》。

虍部：hū，音：ㄏㄨ

虤：虍部十六畫

　音：yán《唐韻》五閑切，《集韻》牛閑切
　　，𠀤音：訮，一ㄢˊ

　義：《說文》：虤，虎怒也。从二虎，凡
　　虤之屬皆从虤。如：贙、虤。

　　又，xuàn《集韻》胡犬切，音：泫，
　　ㄒㄩㄢ。義同。

虫部：huǐ，音：ㄏㄨㄟˇ

蚰：虫部十二畫

　音：kūn《唐韻》古渾切，《韻會》公渾切
　　，𠀤音：昆，ㄎㄨㄣ

　義：《說文》：蚰，蟲之總名也。从二虫
　　，凡蚰之類皆从蚰。

《長箋》：二蚰與絲、山、斤、誩同義，有昆弟之象。古人造字有取于象形者，則從二虫。同體作蚰。虫、蚰、蟲三部，若無可分體者，詳略爾。又《韻會》：通昆。《詩》草木昆蟲。師古曰：象也。又鄭玄曰：昆蟲，明蟲也，明蟲得陽則生，得陰則藏。《禮·祭統》：昆蟲之異。《註》：溫生寒死之蟲也。

按：《集韻》：昆，亦作"蜫"。

蟲：虫部十八畫

音：chóng《唐韻》直弓切，《集韻》、《韻會》、《正韻》持中切，夶音：种，彳ㄨㄥˊ

義：《說文》：蟲，有足謂之蟲，無足謂之豸。从三虫，象形。凡蟲之屬，皆从蟲。《大戴禮》：有羽之蟲三百六十，而鳳凰為之長。有毛之蟲三百六十，而麒麟為之長。有甲之蟲三百六十，而神龜為之長。有鱗之蟲三百六

十，而蛟龍為之長。有倮之蟲三百六
十，而聖人為之長。《爾雅·釋蟲》
：有足謂之蟲，無足謂之豸。《周禮
·冬官·考工記·梓人》：外骨內骨
，卻行仄行。連行紆行，以脰鳴者，
以注鳴者，以旁鳴者，以翼鳴者，以
股鳴者，以胸鳴者，謂之小蟲之屬，
以為雕琢。《大戴禮》：二九十八，
八主風，風主蟲，故蟲八月化也。《
荀子·勸學篇》：肉腐出蟲。

又《詩·大雅》：蘊隆蟲蟲。《詩經
今注》”蘊，通煴，悶熱。隆，盛也
。蟲蟲、《釋文》：蟲，《爾雅》作
爞。《爾雅·釋訓》：爞爞，薰也。
”即熱氣薰蒸貌。此句言熱氣很盛，
似火薰蒸。《傳》：蟲蟲而熱。

又”桃蟲”，鳥名。《詩·周頌》：
肇允彼桃蟲。《詩經今注》：桃蟲、
鳥名，極小，又名：鷦鷯。《傳》：
桃蟲、鷦也，鳥之始小終大者。

又《書·益稷》：華蟲作繪。《孔註》：雉也。案：雉，鳥名，俗稱：野雞。肉味鮮美、可食。羽毛美麗，可做裝飾品。

又，地名。《左傳·昭十九年》：宋公伐邾，圍蟲。《註》：蟲，邾邑。

又，書名。《魏志》裴松之《註》：邯鄲淳善《蒼雅》蟲篆。《直音》：新藏作：篆。

又，姓。《前漢書·功臣表》：曲成侯蟲達。《姓氏考略》：蟲，《路史》徐偃王後有蟲氏，《辯證》春秋邾國有蟲邑，魯昭公時，宋取蟲，其大夫以邑為氏。望出曲成（故城在今山東省掖縣東北）。

又，zhòng直眾切，音：仲，ㄓㄨㄥˋ。與"蚛"同，蟲食物也。見《篇海》

又，tóng《集韻》徒冬切，音：彤，ㄊㄨㄥˊ。《爾雅·釋訓》：爞爞，薰也。"爞"，或作"蟲"。

按：《群經音辨》：蘊隆蟲蟲。"蟲"字
又音：徒冬切。

《韻會》：俗作"虫"，非。

蠚：虫部二十一畫

音：xué《篇韻》音：穴，ㄒㄩㄝˊ

義：未詳

見部：jiàn，音：ㄐㄧㄢˋ

覞：見部十四畫

音：yào《唐韻》、《集韻》弋笑切，音
：耀，一ㄠˋ。又音：ㄐㄧㄢˋ

義：《說文》：覞，並視也，从二見。《
元包經》：晉覞于醜。《傳》曰：觀
夫象也。《類篇》：或作"覷"。

又，chào《集韻》昌召切，邵去聲，
彳ㄠˋ。普視貌。

又，shi《集韻》施隻切，音：釋，ㄕ
。chǐ昌石切，音：尺，彳ˇ。義並同。

覷：見部二十一畫

音：yíng《搜真玉鏡》烏耕切，一ㄥ

義：未詳

言部：yán，音：一ㄢ

誩：言部十四畫，《集韻》古作 "譻" 字。

　音：jìng《唐韻》渠慶切、《廣韻》渠敬切，《集韻》、《正韻》渠映切，��音：競，ㄐㄧㄥˋ

　義：《集韻》：誩，古作 "譻" 字。

　　《說文》：誩，競言也。从二言，凡誩之屬皆从誩。《廣韻》：爭言也。

　　又，人名。《宋史·宗室表》：與誩、崇誩。

　　又，jiàng《玉篇》虔仰切，《廣韻》其兩切，《集韻》巨兩切，��音：強，上聲，ㄐㄧㄤ

　　又，tàn《廣韻》、《集韻》��他紺切，音：探，去ㄢ

　　又，dàn《集韻》徒濫切，音：淡，ㄉㄢ。義，��同。

譆：言部十四畫

　音：è《篇海類編》烏合切，音：姶，ㄜ

　義：未詳

競：言部十八畫，隸作"競"。

音：jìng《唐韻》渠慶切，《集韻》渠映
切。竝音：擎，去聲，ㄐㄧㄥˋ

義：《說文》：競，彊語也，从誩二人。
一曰逐也。隸作"競"。

譶：言部二十一畫

音：tà《唐韻》徒合切，《集韻》達合切
，竝音：沓，去ㄚˋ

義：《說文》：譶，疾言也，从三言。
嵇康《琴賦》：紛澀譶以流漫。《註
》：澀譶，聲多也。

又，zhé《廣韻》、《集韻》竝直立切
，音：蟄，ㄓㄜˊ。譅譶，言不止也。
左思《吳都賦》：澀譶礫繆，交貿相
競。《註》：澀譶，象言語喧雜也。

按：《正字通》：與"沓"、"嗒"、"
譗"、"讄"竝同。
《字彙補》：亦作"讘"。

譶：言部二十一畫，《說文長箋》同"譶"
案：音、義，參見"譶"字，詮釋。

言言：言部二十八畫

　　音：ci《搜真玉鏡》音：刺、ち

　　義：未詳

豕部：shǐ，音：ㄕˇ

豩：豕部十四畫

　　音：bīn《唐韻》伯貧切，《集韻》悲巾切

　　　，太音：彬、ㄅ一ㄣ

　　義：《說文》：豩，二豕也。幽從此。《

　　　同文備考》：豕亂群也。

　　　又《漢皋詩話》：豩，頑也。劉夢得

　　　詩：盃前膽不豩。趙總詩：吞船酒膽

　　　豩。

　　　又，huán《唐韻》、《集韻》太呼關

　　　切，音：懷，ㄏㄨㄞˊ。義同。

豲：豕部二十一畫，《字彙補》：同"豩"

　　案：音、義，參見"豩"字，詮釋。

貝部：bèi，音：ㄅㄟ

賏：貝部十四畫

　　音：Ying《廣韻》、《集韻》太於敬切，

　　　音：映、一ㄥ

義：《說文》：䫙，頸飾也，从二貝
。《篇海》：連貝飾頸曰䫙，女
子飾也。
又，yíng《集韻》於莖切，音：
鸎，一ㄥ。義同。

䲧：貝部二十一畫，與"霢"同。
音：bi《廣韻》、《集韻》、《韻會》太
平秘切，音：備，ㄅ一ˋ
義：《玉篇》：䲧𩓨，作力貌。張衡《西
京賦》：巨靈䲧𩓨。《註》：䲧𩓨，
作力之貌。左思《吳都賦》：巨鼇䲧
負，首冠靈山。《註》：䲧負，用力
壯貌。
又《類篇》：䲧𩓨，鼇也。一曰雌鼇
爲䲧。《本草》：䲧𩓨，大龜，蠵蟕
之屬，好負重。或名𧔣蝫，今石碑下
龜趺象其形。《嶺南異物志》"䲧𩓨
"作"係臂"。
又，與"霢"同。《詩·大雅》：內
霢于中國。《詩經今注》：霢（音：

必），《說文》"奰，迫也。"即歷迫。《傳》：奰，怒也。不醉而怒曰奰。《疏》：《正義》曰：《西京賦》云：巨靈奰屭以流河曲，則奰者，怒而目作氣之貌。不醉而怒者，承上醉字也。

又《說文》：奰，壯大也。一曰迫也。本作"奰"，從三目，從大，今省作"奰"。

又，怒也。不醉而怒謂之"奰"。《詩·大雅》：內奰于中國，覃及鬼方。《註》：自近及遠，無不怨怒也。

又"奰"，réng《篇海》音：仍，曰ㄥˊ。不知也。又，bèi音：備，ㄅㄟˋ。義同。

按：《集韻》：奰，從三大，三目，或省作"奰"。"奰"，通作"奰"。遂譌"奰"為"奰"，《篇海》音、義俱非。

赤部：chi，音：彳

赫：赤部十四畫

音：hè《唐韻》、《正韻》呼格切，《集韻》、《韻會》郝格切，茲音：燁，ㄏㄜˋ

義：《說文》：赫，火赤貌，从二赤。《博雅》：赤也。《詩·邶風》：赫如渥赭。《詩經今注》：赫，赤色鮮明貌。渥，濕潤。赭，赤土。此寫舞獅的面色。《傳》：赫，赤貌。

又《詩·大雅》：王赫斯怒。《詩經今注》：赫，勃然大怒貌。斯，而也。《箋》：赫，怒意。

又《詩·大雅》：赫赫炎炎。《詩經今注》：赫赫，陽光顯耀貌。炎炎，暑氣熾熱貌。《傳》：赫赫，旱氣也。

又《詩·大雅》：赫赫明明。《詩經今注》：赫赫，威武貌，是描寫周宣王。《傳》：赫赫然，盛也。

又，屈原《離騷》：陟陞皇之赫戲兮。《註》：赫戲，光明貌。

又《小爾雅》：赫，顯也。《前漢書·陳忠傳》：使者所過，威權翁赫。張九齡詩：茲邦稱貴近，與世常重赫。又，李白詩：炬赫耀旌旗。

又《廣韻》：赫，發也。

又，姓。《姓氏考略》：赫，《風俗通》古天子赫胥氏之後，有"赫氏"、赫胥氏。

又，赫連氏，複姓。《夏錄》其先匈奴右賢王去卑之後，劉淵之族，姓：鐵弗。勃勃稱王於朔方，國號：夏，改姓為赫連氏。

又云：吐谷渾大姓，有赫連氏。

又，Xia《集韻》虛訝切，音：罅，ㄒㄧㄚˋ。與"嚇"同。《詩·大雅》：反予來赫。《傳》：赫，炙也。《箋》：口距人謂之赫。《釋文》：毛許白反，鄭許嫁反。莊子所云"以梁國赫我"，是也。

又，Shi《韻會》施隻切，音：釋，ㄕ

。《爾雅・說訓》：赫赫，迅也。《說文》：赫，音：釋。

又《前漢書・孝成趙皇后傳》：赫嗁書。《註》：鄧展曰：赫音兄弟鬩牆之鬩。應劭曰：赫蹏，薄小紙。晉灼曰：今謂薄小物曰鬩蹏。《類篇》或作"嫌"，亦作"荼"、"妹"。

《正字通》：火炙日暴皆曰赫。《說文》專訓火赤，泥。

又《韻補》叶鬩各切，荀勗《大會行禮歌》：明明天子，臨下有赫。

　　　　來格祈祈，邦家是若。

走部：zǒu，音：ㄗㄡˇ

　趚：走部二十一畫，今作：奔，或作：走。

　　　音：zǒu《廣韻》子苟切。《集韻》、《韻會》、《正韻》子口切，𠀤音：奏，上聲，ㄗㄡˇ

　　　義：《石鼓文》：其戎趚趚。《周秦石刻釋音》鄭云：今作：奔，或作：走。按《石鼓文》本作"趚"，《正字通

》以為本作 "龖"，非。

《說文》：走，趨也。从夭，从止。

《註》：徐鍇曰：夭則足屈，故从夭。《五經文字》：今經典相承作走。又《儀禮·士相見禮》：將走。《註》：走，猶去也。

又，司馬遷《報任少卿書》：太史公牛馬走。《註》：走，猶僕也。班固《答賓戲》：走亦不任厠技於彼列。按《漢書·敘傳》"走" 作 "僕"。

又，zǒu《廣韻》、《集韻》、《韻會》、《正韻》茲則候切，音：驟，ㄗㄡˋ。《釋名》：疾趨曰走。走，奏也，促有所奏至也。《群經音辨》：趨向曰走。《書·武成》：駿奔走。《孟子》：棄甲曳兵而走。《爾雅·釋宮》：中庭謂之走。《註》：走，疾趨也。

又，與 "奏" 同。《詩·大雅》：予曰有奔奏。《詩經今注》：奏，借為走（見《楚辭‧離騷》王注引作：走）。奔走，指奔走效力之臣。《疏》：今天下皆奔走而歸趨之也。《釋文》：奏。本亦作：走，音同。

又，《韻補》叶子與切。《左傳‧昭七年》：正考父鼎銘，一命而僂，二命而傴，三命而俯，循牆而走，亦莫余敢侮。

又，ㄧˇ叶養里切，音：以，一ˇ。《論語讖》：殷惑妲己玉馬走。

按：《說文》：”走”作”夭”。《周秦石刻釋音》鄭云：今作”奔”，或作”走”。

案：趬作：奔，音、義，見”犇”（奔）字，詮釋。

鼟鼟：走部二十四畫，《字彙補》”趬”本字。見《石鼓文》

案：音、義，參”趬”字，詮釋。

足部：zú，音：ㄗㄨˊ

跦：足部十四畫，與”躕”同。

音：chù《集韻》初六切，音＝藗，ㄔㄨˋ

義：《集韻》：與＂踿＂同，齊謹貌。

《正字通》：踿，同＂齪＂。

chuò《廣韻》、《集韻》、《韻會》

、《正韻》兹測角切，音婼，ㄔㄨㄛˋ

《玉篇》：齒相近聲。

又《廣韻》：開孔具。

又《集韻》：齷齪，迫也。《正韻》

：齷齪，急促，局狹貌。亦作＂齱齪

＂，又作＂握齪＂。《史記‧司馬相

如傳》：委瑣握齪。

又、chù《廣韻》、《集韻》兹初六切

、音＝珿，ㄔㄨˋ。《廣韻》廉謹貌。

又、cuò《集韻》叉足切，音＝昧，

ㄘㄨㄛˋ。齒齊也。

躕：足部二十一畫

音：chuò《集韻》測角切，音齪，ㄔㄨㄛˋ

義：《集韻》：行也。

《正字通》：行疾也。

車部：汃，音：ㄔㄜ

輲：車部十四畫

音：yi《篇海類編》夷益切，音：亦，一

義：《篇海類編》：車也。

轟：車部二十一畫

音：hōng《廣韻》、《集韻》、《韻會》

、《正韻》𠀤呼宏切，音橫，ㄏㄨㄥ

義：《說文》：轟，轟轟，群車聲也，从

三車。

又，hòng《廣韻》、《集韻》呼迸切

，《正韻》呼孟切，𠀤音：橫，去聲

，ㄏㄨㄥ。義同。

又，huāng叶呼光切，音：荒，ㄏㄨㄤ

。韓愈詩：卑賤不敢辭，忽忽心如狂

。飲食豈知味，絲竹徒轟轟。

按：轟，《玉篇》：同＂輒＂。《集韻》

：或作＂輷＂。《廣韻》：輷，同＂

轟＂，一作＂訇＂。

轟：車部二十八畫

音：kē《篇海類編》音：榼，ㄎㄜ

義：未詳

辛部：xīn，音：ㄒㄧㄣ

辡：辛部十四畫

　　音：biàn《廣韻》符蹇切，《集韻》呼免
　　　切，丛音：辯，上聲，ㄅㄧㄢˇ

　　義：《說文》：辡，罪人相與訟也。从辛
　　　，會意。

　　　　又，biǎn《集韻》邦免切，音：鞭、
　　　上聲，ㄅㄧㄢˇ。義同。

䇂：辛部二十畫，與"兢"（競）同。

　　按：《字彙補》：與"兢"同。《字鑨》
　　　：二言為"兢"。

　　　　䇂字音、義，參見"兢"字，詮釋。

辜：辛部二十四畫，《篇海類編》同"辜"

　　音：gū《唐韻》古乎切，《集韻》、《韻
　　　會》、《正韻》攻乎切，丛音：姑、
　　　ㄍㄨ

　　義：《篇海類編》：同"辜"。

　　　　《說文》：辜，罪也。从辛，古聲。

　　　　《書·大禹謨》：與其殺不辜，寧失
　　　不經。《周禮·夏官》：以救無辜，

伐有罪。

又，必也。《前漢書‧律歷志》：六律。姑洗，洗，絜也。言陽氣洗物，辜絜之也。《註》：辜絜，必使之絜也。

又，磔也。《周禮‧春官》：以疈辜祭四方百物。《註》：疈，披牲胸也。疈辜，披磔牲以祭也。

又，障也。《後漢書‧靈帝紀》：豪右辜榷。《註》：謂障餘人賣買，而自取其利也。一作：辜較，義同。

又＂辜較＂，大概也。《廣韻》：略也。《孝經》：蓋天子之孝也。《疏》：蓋者，辜較之辭。＂辜較＂，猶梗概也，言舉其大略也。見《康熙字典》車部＂較＂字，詮釋。

又，月名。《爾雅‧釋天》：十一月為＂辜＂。

又，姓。《姓氏考略》：辜，《姓纂》泉州晉安有此姓（辜）。一云：其先因被辜自悔，以辜為氏，如：救氏、赦氏、許氏之類。

𨞑：辛部三十畫，《字彙補》：同"譠"。

案：音、義，參見言部"譠"字，詮釋。

邑部：yì，音：ㄧˋ

郒：邑部十四畫，《五音篇海》同"巷"。

讀：ㄒㄧㄤˋ

音：xiàng《唐韻》胡絳切，《集韻》、《正韻》戶降切，然音：學，去聲，ㄒㄧㄤˋ，又讀：ㄒㄧㄠˋ

義：《五音篇海》：同"巷"。ㄒㄧㄤˋ

《說文》：巷，里中道也。从邑，从共。言在邑中所共也。《廣韻》：街巷也。《增韻》：直曰街，曲曰巷。《詩・鄭風》：巷無居人。《註》：里塗也。

又《增韻》：宮中長廡相通曰永巷。《列女傳》：周宣姜后脫簪珥，待罪永巷。《三輔黃圖》：永巷，宮中之長巷，幽閉宮女之有罪者，武帝時改為校慶置獄焉。

又《增韻》：永巷，天子公侯通稱。《唐書·郭子儀傳》：宅居親仁里四分之一，中通永巷，家人三千相出入不知其居。

又〝巷伯〞，奄官。《詩·小雅·巷伯箋》：巷伯，奄官，掌王后之命，於宮中為近，故謂之巷伯。

又，與〝衕〞通。《玉篇》：衕，亦作：巷。《韻會》：《三蒼》云：衕，交通也。衕，宮中別道也。屈原《離騷》：五子用失乎家衕。

又《韻會》：一作：閧。揚子《學行篇》：一閧之市。

又，hǒng 叶胡貢切，紅去聲，ㄏㄨㄥˋ。《詩·鄭風》：俟我乎巷兮，悔予不送兮。《詩經今注》：俟，等待。乎，於也。予，我。

金部：jīn，音：ㄐㄧㄣ

鑫：金部二十四畫

音：hōng《玉篇》呼龍切，音胸，ㄒㄩㄥ。
又，xīn許金切，音：歆，ㄒㄧㄣ。義
太闕。

義：《標準學生字典》：興旺，多財的意
思，用於商店或人名。

《國語日報字典》：興盛，錢財多。
是人名、商店字號常用字。

《現代漢語詞典》：財富興盛，多用
于人名或字號。

《東方國語辭典》：興旺，多財的意
思，多用於商店或人名。

按：《正字通》"鑰"字。《註》：宋子
虛名友，五子以鑫、森、淼、焱、垚
立名。又《南康郡志》：黃鑫由明經
辟薦，任餘杭令，擢監察御史。

鑫鑫：金部三十二畫

音：bǎo《搜真玉鏡》音：寶，ㄅㄠˇ。

又，yù音：玉，ㄩˋ

義：未詳

門部：mén，音：ㄇㄣˊ

門：門部八畫

音：mén《廣韻》莫奔切，《集韻》、《正
韻》謨奔切，《韻會》謨昆切，夶音
：捫，ㄇㄣˊ

義：門戶，兩戶相對為門。《說文》：門
，聞也。从二戶，象形。《玉篇》：
人所出入也。在堂房曰戶，在區域曰
門。《博雅》：門，守也。《釋名》
：捫也。言在外為人所捫摸。《易‧
同人》：同人于門。《註》：心無係
吝，通夫大同，出門皆同，故曰同人
於門也。《書‧舜典》：賓于四門，
四門穆穆。《傳》：四門，四方之門
。《禮‧月令》：孟秋之月，其祀門
。《周禮‧天官‧掌舍》：為帷宮，
設旌門。《註》：王行止食息，張帷
為宮，樹旌以表門。又“設車宮轅門
”。《註》：王止宿險阻之處，車以
為藩，則仰車以其轅表門。今幕府亦
稱轅門，牙門。《楚辭‧九辯》：君

之門以九重。《註》：天子九門：關門、遠郊門、近郊門、城門、皋門、雉門、應門、路門、寢門亦曰庫門。

又「譙門」，城上為高樓以望者。《前漢書·陳勝傳》：獨守丞與戰譙門中。

又「橋門」，國學門也。《後漢書·儒林傳》：圍橋門而觀聽者，蓋億萬計。

又「師門」。《後漢書·桓榮傳》：上則通達經旨，下則去家慕鄉，求謝師門。又《通鑑》：唐狄人傑嘗薦姚元崇等數十人，或謂曰：天下桃李悉在公門。

又《正字通》：世族盛著曰門望。韓顯宗疏，言門望者，祖父之遺烈。

又，凡物關鍵處，咸謂之門。《易·繫辭》：道義之門。《疏》：物之得宜，從此易而來，故云：道義之門，謂與道義為門戶也。又《老子·道德經》：象妙之門。

又“期門”，勇士也。《後漢書‧謝玄傳》：帝始作期門，數為微行。《註》：前書，武帝微行，常與侍中常侍武騎，及待詔，北地良家子能騎射者，期諸殿門，故有期門之號，自此始也。成帝微行亦然，故言始也。《班固‧西都賦》：期門佽飛，列刃攢鍭。

又，官名。《周禮‧地官》：司門祭祀之牛牲繫焉，監門養之。《後漢書‧百官志》：黃門侍郎六百石，掌侍從左右給事中。又，門大夫六百石。《註》：《漢官》曰：門大夫二人，選四府掾屬。

又《周禮‧春官‧小宗伯》：其正室，皆謂之門子。《註》：將代父當門者也。《左傳‧襄十一年》：大夫諸司門子勿順。

又，地名。《左傳‧襄二十七年》：

託於木門。《註》：木門，晉地。《史記·項羽紀》：兵四十萬在新豐鴻門。孟康《註》：在新豐東十七里。又《秦本紀》：敗三晉之師於石門。《一統志》：在平陽府解州東南白徑嶺，踰中條山，通陝州道，山嶺參天，左右壁立，闊不容軌，名曰石門。又〞雁門〞，郡名。見《前漢書·地理志》。

又，山名。《書·禹貢》：浮于積石，至于龍門。《傳》：龍門山在河東之西界。《後漢書·逸民傳》：龐公攜其妻子，登鹿門山。又《正字通》：北方北極之山曰寒門。《漢書·光武紀》〞寒門〞《註》：師古曰：今冷谷去甘泉八十里，盛夏凜然。

又，星名。《史記·天官書》：其南北兩大星曰南門。《註》：南門二星，在庫樓南天之外門，明則氐羌貢。《天文志》：大微星南四星執法，中端門，左右掖門。

又，姓氏也。公卿之子，教以六藝，謂之門子。後因以為氏，後魏門文愛。又東門、西門、雍門、木門，俱複姓。《左傳·宣十八年註》：襄仲居東門，故曰東門氏。

又，樂名。《周禮·春官·大司樂》：以樂舞教國子，舞雲門大卷大咸大䕫大夏大濩大武。《註》：此周所存六代之樂，黃帝曰雲門。

又，人名。《史記·秦始皇紀》：使盧生求羨門高誓。《註》：羨門，古仙人。《前漢書·藝文志》：《蓬門》、《射法》二篇。《註》：即逢蒙。《荀子·正論論》：羿蠭門者，天下之善射者也。

又《正字通》：僧曰沙門、桑門。《前漢書·郊祀志》：沙門漢，言息心削髮，絕情欲，歸于無為也。

又，mián《韻補》叶民堅切，音：眠

，ㄇㄧㄢˊ。《楚辭・遠遊》：虛以待之兮，無為之先。庶類有成兮，此德之門。

又，mín叶眉貧切，音：珉，ㄇㄧㄣˊ。《詩・邶風》：出自北門，憂心殷殷。叶下"貧"。《詩經今注》：殷殷，憂傷貌。荀卿《雲賦》：往來惛憊，通於大神。出入其巫，莫知其門。

閶：門部十六畫

　　音：bāo《字彙補》博毛切，音：包，ㄅㄠ

　　義：《字彙補》：褒讚也。

關：門部二十四畫

　　音：huā《搜真玉鏡》呼括切，讀：ㄏㄨㄚ

　　義：未詳

𨴹：門部三十二畫

　　音：dàng《搜真玉鏡》音：蕩，ㄉㄤˋ

　　　　又，duó音：奪，ㄉㄨㄛˊ

　　義：未詳

阜部：fù，音：ㄈㄨˋ

餡：阜部十六畫

音：fù《房九切，《集韻》扶岳切，玆音
：阜，ㄈㄨˋ

義：《說文》：皀，兩皀之間也，从二皀
。又《集韻》：盛也。

又《集韻》、《類篇》玆扶富切，音
：楥，ㄈㄨˋ。義同。亦作"陔"。

隶部：dài，音：ㄉㄞ

隸：隶部十六畫，俗"隸"字。

音：si《五音集韻》息利切，音：四，ㄙˋ

義：《五音集韻》：俗"隸"字。

《玉篇》：承聲也。

又《廣韻》：鼠名。

案：參見彐部"隸"字，詮釋。

佳部：zhuī，音：ㄓㄨㄟ

雔：佳部十六畫

音：chóu《唐韻》市流切，《集韻》時流
切，玆音：酬，ㄔㄡˊ

義：《說文》：雔，雙鳥也，从二佳。
《爾雅·釋蟲》：雔由，樗繭。《註
》：食樗葉。《釋文》：音：讎ㄔㄡˊ

雥：佳部二十四畫

　音：zá《唐韻》徂合切，《集韻》昨合切
　　，<ruby>太</ruby>音：雜，ㄗㄚˊ

　義：《說文》：群鳥也，从三佳。
　　　許善心《神雀頌》：景福氤氳，嘉貺
　　　雥集。

　　　又，zā《五篇》走合切，音：帀，
　　　ㄗㄚ。義同。

雦：佳部二十四畫，《字彙補》古文集字。

　音：jí《唐韻》、《廣韻》、《韻會》、
　　　《正韻》秦入切，《集韻》、《類篇
　　　》籍入切，<ruby>太</ruby>音：箿，ㄐㄧˊ

　義：《字彙補》：古文〞集〞字，見《雲
　　　臺碑》。

　　　《說文》本作〞雧〞，群鳥在木上也
　　　，从雥木。〞集〞，雧或省，今字作
　　　〞集〞。《詩·周南》：集于灌木。
　　　《詩經今注》：灌木，叢木。

　　　又《廣韻》：就也，成也。《書·武
　　　成》：大統未集。《傳》：大業未就。

《詩‧小雅》：我行既集。《箋》：
集，猶成也。

又《韻會》：雜也。《孟子》：是集
義所生者。《註》：集，雜也。

又《廣韻》：豪也。

又《廣韻》：安也。《史記‧曹參世
家》：問所以安集百姓。

又《玉篇》：合也。《廣韻》：聚也
，會也，同也。

《史記‧秦始皇紀》：天下雲集響應
。《前漢書‧鼂錯傳》：動靜不集。

《註》：師古曰：集，齊也。《史記
‧司馬相如傳》：鱗集仰流。

又《左傳‧昭二十三年》：險其走集
。《註》：走集，邊境之壘碎也。

又《前漢書‧藝文志》：劉歆總群書
，而奏其《七略》，故有輯略。《註
》：師古曰：輯與集同，謂諸書之總
要。《韻會》文集，文所聚也。唐有
子、史、經、集四庫。

又，州名。《廣韻》：漢宕渠縣，梁
恭帝為集州。

又《廣韻》：姓氏，漢有集壹。

又，𠤕《韻補》叶疾救切，音：就，
ㄐㄧㄡˋ。《詩·小雅》：我龜既厭，
不我告猶。謀夫孔多，是用不集。"
猶"，于救切。

又，zá叶昨合切，音：雜，ㄗㄚˊ。《
詩·大雅》：天監在下，有命既集。
文王初載，天作之合。今注：有命既
集，指天命已落在文王肩上之意。

雨部：yǔ，音：ㄩˇ

靐：雨部三十六畫

　音：dui《玉篇》徒罪切，音：憝，ㄉㄨㄟˋ

　義：《玉篇》：雲貌。

霻：雨部三十九畫

　音：bing《廣韻》皮証切、《集韻》蒲應

　　切、𠀤音：凭，ㄅㄧㄥˊ

　義：《廣韻》、《集韻》"霻霻"，雷聲。

靈：雨部四十八畫

音：nóng《五音篇海》音：濃，ㄋㄨㄥˊ

義：《五音篇海》：雲廣貌。

靈靈：雨部五十二畫

音：bèng《廣韻》、《集韻》太蒲迸切，
音：偋，ㄅㄧㄥˋ

義：《廣韻》：雷聲。

又《字彙補》：卽仁寶曰：《山谷集
》中，有銑靈靈等字，蜀語也。

案：蜀語，俗稱：四川話。今在臺
灣各眷村，最為流行也。

非部：fēi，音：ㄈㄟ

非：非部八畫

音：fēi《唐韻》甫微切，《集韻》、《韻
會》匪微切，太音：飛，ㄈㄟ

義：《說文》：非，違也。从飛下翅，取
其相背也。《玉篇》：不是也。《書
‧說命》：無恥過作非。《易‧繫辭
》：辨是與非。

又《玉篇》：下也。

又《玉篇》：隱也。

又《增韻》：譬也。《孝經・五刑章》：非聖人者無法，非孝者無親。

又《玉篇》：責也。《前漢書・魏相傳》：使當世責人非我。

又，山名。《山海經》：非山之首，其上多金玉。

又，姓也。《風俗通》：非子，伯益之後。《路史》：非氏，即蜚氏。

又，fēi《集韻》、《韻會》、《正韻》茲妃尾切，音：斐，ㄈㄟˇ

《集韻》本作"誹"，謗也。《前漢書・食貨志》：不入言而腹非。《史記・平準書》：作"腹誹"。又《鼂錯傳》：非謗不治。《註》：非，讀曰誹。

又，fěi《韻會》方未切，音：沸，ㄈㄟˋ。本作"誹"，義同。

案：今義，有名詞、動詞、副詞、形容詞，詮釋如次：

(一)名詞：洲名、山名、姓氏，﹍﹍﹍﹍

洲名：非洲，乃世界七大洲之一，係
"阿非利加洲"（Africa）簡稱。

山名：《山海經》"非山"之首，其
上多金玉。

姓氏：《風俗通》非子，伯益之後。
《路史》非氏，即蜚氏。

非子，周‧伯益之後，居犬丘，好馬
及畜，善養息之，犬丘人言之孝王。
召使主馬於汧渭之間，馬大蕃息。命
為附庸，邑之於秦，使續嬴氏祀，號
曰秦嬴。是為秦始封之祖。

非臺，清‧僧，字超然，住安徽涇縣
幕山庵。幼不識字，年十七，見古巖
畫倣之逼肖，自是精進於繪。惜早卒
，未竟所業。有《曉月山房詩鈔》（
見《清畫家詩史》載）。

(二)動詞：非議、非難、非法，─────

非議：指反對、議評、誹謗之意。

非難：言是非、責備的意思。

非法：係言違反法律行為。

㈢副詞：如不合、不是、不對，……

非禮：言不合禮法，或很褻言行。

非計：不是良策，或不是好計謀。

痛改前非：認為這是不對的行為。

㈣形容詞：不尋常、不像樣，………

非同小可：形容事態嚴重，不尋常。

非驢非馬：比喻不倫不類，不像樣。

非：非部十畫，《集韻》：同"非"。

　案：非、"卯"古文。音、義，參見戶部
　　　"卯"（卯）字，詮釋。

非：非部十畫，《玉篇》：古文"卯"字。

　案：音、義，參見戶部"卯"（"卯"字，
　　　詮釋。

靀：非部十八畫

　音：扃《搜真玉鏡》符微切，讀若ㄈㄟˊ

　義：未詳

面部：mian，音：ㄇㄧㄢˋ

　靣：面部十八畫

　音：suàn《篇海》音：算，ㄙㄨㄢˋ

　義：《篇海》：面傳也。

愽也，《廣韻》、《集韻》、《韻會》、《正韻》憂勞也。

《詩・檜風》：勞心愽愽兮。《詩經今注》：愽愽，悲苦不安狀。《爾雅・釋訓》：愽愽，憂也。郭璞讀。

案：愽，从心从甫。與"博"，从十从甫，兩字有別（不同）。

醔：面部十八畫

音：miǎn《篇海》音：湎，ㄇㄧㄢˇ

義：《篇海》：醶醔也。

靧：面部二十七畫，《篇海》與"頮"同。

音：huì《廣韻》荒內切、《集韻》呼內切，夶音：誨，ㄏㄨㄟˋ

義：《篇海》：與"頮"同。

《玉篇》：面肥貌。

又《聲類》：與"類"同，洗面也。

《集韻》：或作"靧"。

音部：yīn，音：ㄧㄣ

韽：音部十八畫

音：ruǎn《龍龕手鑑》音：阮，ㄖㄨㄢˇ

義：《龍龕手鑑》：樂器，見《聚珠集》。

頁部：xié，音：ㄧㄝˊ

顓：頁部十八畫

音：zhuǎn《玉音集韻》雛晥切，音：撰，
ㄓㄨㄢˇ

義：《說文》：顓，選具也，从二頁。
《玉篇》：或作"僎"。
又，xuǎn《集韻》須兗切，音：覠，
ㄒㄩㄢˇ。又，zhuàn雛戀切，音：撰，
ㄓㄨㄢˇ。又，sùn蘇困切，音：遜，
ㄒㄩㄣˋ。義，太同。

顬：頁部二十七畫

音：bi《字彙補》皮媚切，音：鼻，ㄅㄧ

義：《字彙補》：眉也。

風部：fēng，音：ㄈㄥ

颽：風部十八畫

音：qiǎng《玉篇》可講切，音：腔，上聲
，ㄑㄧㄤˇ

義：《玉篇》：亂風。
又，qiàng可降切，音：腔，去聲，

ㄑㄧㄡ。義，同。

颰颰：風部二十七畫

音：xiū《廣韻》、《集韻》太香幽切，音
：烋，ㄒㄧㄡ

義：《廣韻》：驚風。

又《玉篇》：驚走貌。左思《吳都賦
》：儋耳黑齒之酋，金鄰象郡之渠。
　颩駃颰䯀報霅，驚捷先驅前途。
《註》：颩音浮，駃音月，颰颰音休，
䯀音聿，報音撒，霅音匣。言外國渠
酋馳走，爲吳王前導也。蓋借疾風形
，擬奔走之狀也。

又、biāo《集韻》必幽切，音：彪，
ㄅㄧㄠ。又、biāo步幽切，音：淲、
ㄆㄧㄠ。義，太同。

颷颷：風部三十六畫

音：piāo《字彙補》匹幽切，音近娉，
ㄐㄧㄣ。又音：飄，ㄆㄧㄠ

義：《字彙補》：風也。

飛部：fēi，音：ㄈㄟ

𩙪：飛部二十七畫

　　音：fēi《字彙補》芳微切，音：非，ㄈㄟ
　　　。見《金鏡》

　　義：未詳

首部：shǒu，音：ㄕㄡˇ

𩠐：首部十八畫，《五音篇海》同"首"。

　　音：shǒu《廣韻》書久切，《集韻》、《
　　　韻會》、《正韻》始九切，夶音：手
　　　，ㄕㄡˇ

　　義：《五音篇海》：同"首"。

　　　《説文》：頭也。《易・説卦》：乾
　　　為首。《周禮・春官・大祝》：辨九
　　　拜：一曰𩠐，二曰頓首，三曰空首。
　　　《註》：稽首，拜頭至地也。頓首，
　　　拜頭叩地也。空首，拜頭至手，所謂
　　　拜首也。

　　　又，元首，君也。《書・益稷》：元
　　　首起哉。

　　　又《廣韻》：始也。《公羊傳・隱六
　　　年》：《春秋》雖無事，首時過則書

。《註》：肙，始也。時，四時也。

過，歷也。春以正月為始，夏以四月

為始，秋以七月為始，冬以十月為始。

又，揚子《方言》：人之初生，謂之

肙。

又，魁帥也。《禮‧檀弓》：毋為戎

肙，不亦善乎。《註》：為兵主來攻

伐曰戎肙。

又，標表也。《禮‧閒傳》：苴，惡

貌也。所以肙其內而見諸外也。《集

說》：肙者，標表之義。蓋顯示其內

心之哀痛于外也。

又，要領也。《書‧秦誓》：予誓告

汝群言之肙。《傳》：眾言之本要。

又《左傳‧僖十五年》：秦獲晉侯以

歸，大夫反肙拔舍從之。《註》：反

肙，謂頭髮下垂。

又《左傳‧成十六年》：塞井夷竈，

陳於軍中，而疏行肙。《註》：疏行

肙者，當陣前決開營壘為戰道。

又《禮·曲禮》：進劍者左首。《疏》：首，劍拊環也。

又《周禮·冬官·考工記·廬人》：五分其晉圍，去一以為首圍。《註》：首，戈上鐏也。

又「貍首」，樂章名。《周禮·春官·樂師》：凡射，諸侯以貍首為節。

又《禮·檀弓》：貍首之斑然。《註》：木文之華。

又，官名。《史記·犀首傳》：犀首者，魏之陰晉人也。名衍，姓公孫氏。《註》：司馬彪曰：若今虎牙將軍。

又，山名。《書·禹貢》：壺口雷首。《疏》：在河東蒲坂縣南。一名首山。《左傳·宣二年》「宣子田於首山」即此。

又，邑名。《春秋·僖五年》：會王世子於首止。《註》：衛地，陳留襄邑縣東南有首鄉。《公羊傳》作「首戴」。又《左傳·昭二十八年》：韓固為馬首大夫。《註》：今壽陽縣。
又〞牛首〞，鄭邑。見《左傳‧桓十
四年》。又〞剞首〞，晉地。見《左
傳‧文七年》。

又，國名。《山海經》：有三首國。
又《風俗通》：呋首，八蠻之一。

又，馬名。《爾雅‧釋獸》：馬四蹢
皆四首。《註》：蹢、蹄也。四蹄白
者名首。俗呼為踏雪馬。

又《禮‧月令》：首種不入。《註》
：首種謂稷。《疏》：百穀稷先種，
故云。

又，豕首，草名。《爾雅‧釋草》：
豕首，茢甄別名。

又，姓。《正字通》：明弘治汀州推
官首德仁。《夢谿筆談》：天竺之貪
四姓有首氏。張澍云：常出於首陽、
首止，即以首為氏。如腹氏、肝氏之
類（見《姓氏考略》載）。

又，shòu《廣韻》、《集韻》、《韻

會》、《正韻》𠀤舒救切，音：狩、
ㄕㄡˋ。

《廣韻》：自首前罪。《正字通》：
有咎自陳，及告人罪曰首。《前漢書
・文三王傳》：驕嫚不首。《註》：
不首，謂不伏其罪也。首，失救反。
又，服也。《前漢書・西域傳》：雖
有降首，曾莫懲革。《註》：首，猶
服也。音：式救反。
又，頭向也。《禮・玉藻》：君子之
居恒當戶，寢恒東首。《註》：首，
生氣也。《釋文》：首，手又反。
又《戰國策》：以秦之彊，首之者。
《註》：言以兵向之。
又，shǐ叶詩紙切，音：始、ㄕˇ。揚子
《太玄經》：凍登赤天，陰作首也。
虛嬴踦踦，擅無已也。
又，shǔ叶賞語切，音：黍、ㄕㄨˇ。班
固《述高帝贊》：神母告符，朱旗迺
舉。粵蹈秦郊，嬰來稽首。

又，shù叶舂御切，音：怒，ㄕㄨˋ。《
晉書・樂志・鼓吹曲》：征遼東，敵
失據，威靈邁日域，公孫既授首。

案：䭫，《五音篇海》：同"首"，《集
韻》"首"，古作"䭫"。《說文》
：䭫，古文"百"也。

香部：xiāng，音：ㄒㄧㄤ

䶀：香部十八畫，亦作"馣"。

音：xiāng《字彙補》火良切，音：香，
ㄒㄧㄤ

義：《字彙補》：大香也。亦作"馣"。

馣：香部十八畫

音：xiāng《搜真玉鏡》音：香，ㄒㄧㄤ

義：參見"䶀"字，詮釋。

馫：香部二十七畫

音：xīng《字彙補》虛陵切，音：興，
ㄒㄧㄥ

義：《字彙補》：香氣也。

馬部：mǎ，音：ㄇㄚˇ

驫：馬部二十畫

音：dú《玉篇》徒鹿切，音：獨，ㄉㄨˊ

義：《玉篇》：馬走也。

《六書故》：兩馬竝馳聲，騬騬也。

騔：馬部二十畫

音：ǒu《玉篇》五豆切，偶去聲，ㄡˇ

義：《篇海》：騔，馳不齊也。

驣：馬部三十畫，《玉篇》古文"騁"字。

音：chěng《唐韻》、《集韻》、《韻會》

、《正韻》竝丑郢切，音：逞，ㄔㄥˇ

義：《玉篇》：古文"騁"字。

《六書統·備考》：从三馬竝驅見意
。又，馬快跑貌。

《玉篇》：騁，直馳也，走也。《莊
子·天地篇》：時騁而要其宿，大小
長短修遠。《註》：皆恣而任之，會
其所極而已。

又，chǎng叶齒兩切，音：敞，ㄔㄤˇ。

《道藏歌》：提攜宴玉賓，契駕乘煙
騁。黃籙命玉符，公子運我上。

驫：馬部三十畫

音：biāo《廣韻》甫休切，《集韻》悲幽
切，茲音：彪，ㄅ一ㄠ

義：《玉篇》：走貌。《說文》：驫，象
馬也，從三馬。左思《吳都賦》：驫
駥飍矞。《註》：象馬走貌。

又與"飆"同。水名。《水經注》：
沁水，南歷猗氏闕，與驫水合。

又，biāo《集韻》卑遙切，音：標，
ㄅ一ㄠ。又，jí 仕戢切，音：霵，
ㄐ一ˊ。義，茲同。

骨部：gǔ，音：《ㄨˇ

髊：骨部二十畫，《篇韻》古文"體"字。

音：tǐ《唐韻》、《正韻》他禮切，《集
韻》、《韻會》土禮切，茲音：涕，
上聲，ㄊ一ˇ

義：《篇韻》：髊，古文"體"字。
《說文》：體，總十二屬也，從骨豐
聲。《釋名》：體，第也。骨肉毛血
表裏大小，相次第也。《廣韻》：四
肢類編也。《禮·中庸》：動乎四體。

又《易・文言》：君子體仁，足以長
人。《疏》：體包仁道。

又《書・畢命》：辭尚體要。《註》
：辭以理，實為要。

又《詩・衛風》：爾卜爾筮，體無咎
言。《傳》：體，兆卦之體。

又《詩・大雅》：方苞方體，維葉泥
泥。《箋》：體，成形也。

又《周禮・天官》：體國經野。《註
》：體，猶分也。

又《周禮・天官・肉饔》：辨體名肉
物。《註》：體名，脊脅臂臑之屬。

又《禮・文王世子》：外朝以官體異
姓也。《註》：體，猶連結也。

又《禮・學記》：就賢體遠。《註》
：體，猶親也。

又《禮・中庸》：體群臣也。《註》
：猶接納也。

又《左傳・昭二十年》：聲亦如味，
一氣二體。《疏》：樂之動身體者，

唯有舞耳！舞者，有文武二體。

按：《廣韻》俗作〝軆〞。《集韻》作〝
躰〞。《增韻》俗作〝体〞、非。

鬥部：dòu，音：ㄉㄡˋ

鬥：鬥部十畫

音：dòu《唐韻》都豆切，《集韻》丁候切
，並音：鬥，ㄉㄡˋ

義：兩王共國則鬥。《說文》：鬥，兩士
相對，兵杖在後，象鬥之形。《廣韻
》：凡从鬥者，今與〝門〞戶字同。
又《字彙》：鬥，右音戟，丮字从手
，手有所執。左音掬，𠃜字反丮，執
物則一。

又，què《集韻》克角切，音：榷，
ㄑㄩㄝˋ。鬭也。

案：鬥、古〝鬭〞字，今作〝斗〞簡體。
《篇海》：鬪，俗〝鬭〞字。《玉篇
》：鬦，俗〝鬭〞字。《九經字樣》
：鬭、隸省作〝鬬〞。《集韻》：俗
作〝鬪〞，非。

鬲部：lì，音：ㄌㄧˋ

鬸：鬲部二十畫

　　音：lì《篇海》音：歷，ㄌㄧˋ

　　義：《篇海》：去滓也。

魚部：yú，音：ㄩˊ

䲆：魚部二十二畫

　　音：yú《唐韻》語居切，《集韻》牛居切

　　　　，𠀤音：魚，ㄩˊ

　　義：《說文》：䲆，二魚也。

　　　　又，wú《集韻》訛胡切，音：吾，ㄨˊ

　　　　。魚之大者。

　　　　《說文長箋》：䲆，郎魚之重文。

鱻：魚部二十二畫

　　音：xiān《龍龕手鑑》音：仙，ㄒㄧㄢ

　　　　又，sū又音：蘇，ㄙㄨ

　　義：未詳

鱻：魚部三十三畫，古"鮮"字。

　　音：xiān《廣韻》、《集韻》𠀤相然切，

　　　　音：仙，ㄒㄧㄢ

　　義：《說文》：新魚精也，从三魚，不變

魚也。《註》：徐鍇曰：三，眾也，
象而不變是鱻也。

《周禮‧天官‧庖人》：凡其死生鱻
薧之物，以共王之膳。《註》：鱻謂
生肉。《疏》：新殺曰鱻。

又，Xiǎn《集韻》息淺切，音：獮，
ㄒㄧㄢˇ。尟，或作“鱻”，少也。

左濆《南溪奇甸賦‧并序》：……水
廣鱻贏，——————

又《標準學生字典》、《東方國語辭
典》：鱻，古“鮮”字。今義如次：

名詞：國名、族名、人名，…………

朝鮮，《後漢書‧東夷傳》昔箕子避
地朝鮮。即今南北韓，泛稱朝鮮半島。

族名：鮮卑，乃東胡別族，起於興安
嶺東，後漢末年最盛，隋唐以來，漸
為漢族同化。亦即中國古代北方民族。

人名，《後蜀錄》李壽司空鮮思明。

又，鮮原，明‧馬湖府人。永樂初以
國子生，擢階州知府，有善政，後陞

山東都轉鹽運使同知。

又，鮮弘，明，閬中人。醫學正科，天順中寇掠南部，府檄弘率民兵禦之，道遇賊，奮擊死。

動詞：盡也。《易經》：故君子之道鮮矣。

副詞：鮮少，《論語》：巧言令色，鮮矣仁。

形容詞：鮮衣美食，形容衣食講究。

鱻：魚部四十四畫

音：yè《廣韻》魚怯切，《集韻》逆怯切，並音：業，一ㄝ

義：《玉篇》：魚盛

鳥部：niǎo，音：ㄋㄧㄠˇ

鵦：鳥部二十二畫

音：niǎo《篇海類編》音：ㄋㄧㄠˇ

義：未詳

鷍：鳥部三十三畫

音：niǎo《玉篇》奴了切，音：ㄋㄧㄠˇ

義：《玉篇》：鳥名。

鹿部：ㄌㄨˋ，音：ㄌㄨˋ

麤：鹿部三十三畫

音：cū《唐韻》、《正韻》倉胡切，《集韻》、《韻會》聰徂切，ㄊㄞˋ音：粗，ㄘㄨ

義：《說文》：行超遠也，从三鹿。

又《字統》：警防也。鹿之性相背而食，慮人獸之害也，故从三鹿。

又《玉篇》：不精也。《周禮·天官·內宰》：比其小大，與其麤良，而賞罰之。《疏》：布帛之等，縷小者則細，良縷大者則麤惡。

又《玉篇》：大也。《禮·月令》：其器高以麤。《註》：麤，猶大也。

又《玉篇》：疏也。《禮·儒行》：麤而翹之，又不急為也。《註》：麤，猶疏也，微也。

又，略也。《史記·陸賈傳》：麤述存亡之徵。

又，顏師古《急就篇註》：麤者，麻

枲雜履之名也。南楚江淮之間，通謂
之麤。《釋名》：麤，措也，亦所以
安措足也。

又，麤糲。《左傳·哀十三年》：梁
則無矣，麤則有之。《史記·聶政傳
》：故進百金者，將用為夫人麤糲之
費。

按：《六書正譌》：俗作"麁"、"粗"
，通用"粗"。

《集韻》粗，或作"粗"，通作"麤
"，俗作"糙"。

《標準學生字典》"麤"，一作"粗
"。諸如：麤中（粗心）、麤糲（粗
米）。《東方國語辭典》麤，同粗。

《新華字典》、《現代漢語詞典》：
粗，作"粗"、"麤"。

齒部：chǐ，音：彳

齒齒：齒部三十畫

音：zhí《五音集韻》防立切，音：繁，ㄓ

義：《五音集韻》：齒齒，齒也。

龍部：lóng，音：ㄌㄨㄥˊ

龖：龍部三十二畫

音：tà《唐韻》徒合切，《集韻》達合切
，达音：沓，ㄊㄚˋ

義：《說文》：龖，飛龍也。从二龍，讀
若沓，ㄊㄚˋ。

又《六書精薀》：震怖也。二龍达飛
，威靈盛赫，見者氣奪，故聾从此省
。《元包經》：震龖之赫霆之書。《
傳》曰：二龍怒也。

又，sà《集韻》悉合切，音：趿，
ㄙㄚˋ。飛龍也。

龘：龍部四十八畫

音：tà《玉篇》音：沓，ㄊㄚˋ

義：《玉篇》：龍行，龘龘也。

筆畫檢字

　　本〈筆畫檢字〉，係依《康熙字典》部首次第，筆畫順序，分著頁碼，檢索方便。

六 畫	兓	22	丽	23	比	45
	弜	52	伙	65	从	65
	众	66	夶	66	兆	77
	兆	77	兟	90	刕	95
	劦	96	卅	105	卅	105
	卌	106	芔	106	千	108
	卍	110	卡	118	圭	119
	昆	123	网	123	厽	127
	叒	134	吅	138	回	159
	圭	167	多	176	夕多	180
	多	180	太太	180	夼	180
	姿	184	奻	185	孖	187
	屍	201	屮屮	201	屾	205
	州	206	巛	209	邑	216
	帬	217	开	223	絲	227
	弜	231	晝	234	羽	364
	臼	376	屮屮	382	飛	50
七 畫	串	32	畕	162		
八 畫	丽	29	丽	29	太太	30
	青	33	丽	44	丽	44

參考書目

《康熙字典》　　清‧張玉書　凌紹雯奉敕纂
　　民國六十四年(1975)八月　臺北市　文化
　　圖書公司　影印本（據同文書局原版）

《康熙字典》（新修本）
　　民國七十八年(1989)　臺北市　啟業書局
　　精裝二冊（十六開本）

《康熙字典》（現代版）
　　一九九八年　北京市　九洲圖書出版社
　　精裝四冊（十六開本）

《康熙字典》
　　民國九十一年(2002)　臺北市　大孚書局
　　精裝乙冊

《康熙字典》（現代點校本）
　　二〇〇六年　北京市　燕山出版社
　　六冊（十六開本）　精裝

《康熙字典》（注音版）

　　民國九十九年（2010）　臺南市　世一文化

　　公司　精裝二冊

《中文大辭典》（普及本）

　　民國八十二年（1993）　臺北市　中國文化

　　大學出版社　精裝十冊（十六開本）

《辭海》（最新增訂本）

　　民國七十三年（1984）　臺北市　臺灣中華

　　書局　精裝三冊（十六開本）

《辭海》

　　一九九九年　上海市　辭書出版社　精裝

《辭源》（增修版）

　　民國八十六年（1997）　臺北市　臺灣商務

　　印書館　精裝

《標準學生字典》

　　民國六十五年（1976）　臺北市　文化圖書

　　公司　精裝（袖珍本）

《國語日報字典》

　　民國七十年（1981）　臺北市　國語日報社

　　精裝（六十四開本）

《新華字典》（修訂本）

一九九八年　北京市　商務印書館

精裝（袖珍本）

《國語日報辭典》

民國六十三年（1974）　臺北市　國語日報

社　精裝

《新編東方國語辭典》

民國八十一年（1992）　臺北市　東方出版

社　精裝

《現代漢語詞典》（修訂本）

一九九七年　北京市　商務印書館　精裝

《新超群國語辭典》

民國九十三年（2004）　臺南市　南一書局

精裝

《四庫大辭典》　楊家駱

民國五十六年（1967）　臺北市　中國辭典

館復館籌備處　精裝（十六開本）

《中國人名大辭典》　臧勵龢

民國六十一年（1972）　臺北市　臺灣商務

印書館　精裝（十六開本）

《中國古今地名大辭典》　　臧勵龢

　　民國八十二年（1993）　臺北市　臺灣商務

　　印書館　精裝（十六開本）

《御註孝經讀本》（繪圖）

　　民國六十年（1971）　臺北市　萬有善書經

　　銷處

《詩經今注》　　高　亨注

　　民國七十年（1981）　臺北市　里仁書局

《新譯四書讀本》

　　民國七十九年（1990）　臺北市　三民書局

《史記》（新校本）

　　民國七十六年（1987）　臺北市　鼎文書局

　　精裝四冊

《漢書》（新校本）

　　民國七十五年（1986）　臺北市　鼎文書局

　　精裝五冊

《後漢書》（新校本）

　　民國七十六年（1987）　臺北市　鼎文書局

　　精裝六冊

《三國志》（新校本）

民國七十九年（1990） 臺北市 鼎文書局
精裝二冊

《說文解字注》 清・段玉裁注
民國八十八年（1999） 臺北市 藝文印書
館 精裝一冊（十六開本）

《聲韻學》 陳新雄
民國九十四年（2005） 臺北市 文史哲出
版社 精裝一冊

《重文彙集》 林漢仕
民國七十八年（1989） 臺北市 文史哲出
版社

《同文合體字》 王會均
民國一〇一年（2012） 臺北市 文史哲出
版社

撰 者 專 著

一、海南文獻叢刊

《海南文獻資料簡介》

　　民國七十二年（1983）　臺北市　文史哲出
　　版社

《海南文獻資料索引》

　　民國七十七年（1988）　臺北市　文史哲出
　　版社

《日文海南資料繋錄》

　　民國八十二年（1993）　臺北市　文史哲出
　　版社

《海南方志資料繋錄》

　　民國八十三年（1994）　臺北市　文史哲出
　　版社

《走向世界　全盤西化：陳序經》

　　民國九十五年（2006）　新北市　國立臺灣
　　圖書館

《海南王日琪公次支系譜》

　　民國九十九年（2010）　臺北市　文史哲出
　　版社

《海南方志探究》（上下冊）

　　民國一〇一年（2012）　臺北市　文史哲出
　　版社

《海南文化人》

　　民國一〇二年（2013）　臺北市　文史哲出
　　版社

《海南建置沿革史》

　　民國一〇二年（2013）　臺北市　文史哲出
　　版社

《白玉蟾：學貫百家　書畫雙絕》

　　民國一〇二年（2013）　臺北市　文史哲出
　　版社

《海瑞：明廉吏　海青天》

　　民國一〇二年（2013）　臺北市　文史哲出

版社

《南海諸島史料綜錄》

民國一○二年（2013）　臺北市　文史哲出

版社（排印中）

《羅門・蓉子：點線面》

民國七十八年（1989）　臺北市　手稿本

《王祿松：詩畫家　點線面》

民國九十七年（2008）　臺北市　手稿本

（半完稿待梓者）

《丘濬：神童　賢輔　宗師》

《海南作家與作品》

《海南公文書類綜錄》

《海南戲曲》

《陸官校：海南校友錄》

《廣東文獻：海南史料通檢》

《歷代瓊人著述書錄》

《海南文獻待訪錄》（佚書）

《海南文獻知見錄》（1950年後中國出版品）

《海南文獻史料綜錄》（增訂本）

《海南文史論集》（結集中）

二、和怡書屋叢刊

《公共行政書錄》

　　民國六十八年（1979）二月　臺北市　稿本

《中華民國企業管理資料總錄》

　　民國六十八年（1979）　臺北市　哈佛企業

　　管理顧公司　精裝（十六開本）

《公文寫作指南》

　　民國七十二年（1983）　臺北市　文史哲出

　　版社

《縮影圖書資料管理》

　　民國七十二年（1983）　臺北市　文史哲出

　　版社

《視聽資料管理：微縮研究》

　　民國七十四年（1985）　臺北市　文史哲出

　　版社

《微縮資訊系統研究》

　　民國七十七年（1988）　臺北市　文史哲出
　　版社

《同文合體字》

　　民國一〇一年（2012）　臺北市　文史哲出
　　版社

《同文合體字字典》

　　民國一〇二年（2013）　臺北市　文史哲出
　　版社

　　　　　　（半完稿待印中）

《同文合體字探究》（半完稿）

《廣東八大鄉賢綜傳》（半完稿）

《和怡書屋論文集》（輯印中）